Undeutsch

Bluthochdruck

Dr. med. Klaus Undeutsch

Schnell informiert bei Bluthochdruck

82 Antworten auf die häufigsten Fragen

Ein Patientenbuch der Deutschen Herzstiftung e.V.

TRIAS

Leserservice:

Wenn Sie Fragen oder Anregungen zu diesem Buch haben, schreiben Sie uns: TRIAS Verlag, Postfach 30 11 07, 70451 Stuttgart

Textzeichnungen:
Friedrich Hartmann, Nagold

Umschlaggestaltung:
Cyclus · D+P Loenicker, Stuttgart

Bildnachweis:
Coverphoto: Mauritius
Umschlag hinten: WDV Stalter

Die Deutsche Bibliothek –
CIP Einheitsaufnahme
Undeutsch, Klaus:
Schnell informiert bei Bluthochdruck:
82 Antworten auf die häufigsten Fragen /
Klaus Undeutsch. – Stuttgart : TRIAS, 1998
(Ein Patientenbuch der Deutschen Herzstiftung e.V.)
#Früher u.d.T.: Undeutsch, Klaus:
Bluthochdruck

Wichtiger Hinweis:
Wie jede Wissenschaft ist die Medizin ständigen Entwicklungen unterworfen. Forschung und klinische Erfahrung erweitern unsere Erkenntnisse, insbesondere was Behandlung und medikamentöse Therapie anbelangt. Soweit in diesem Werk eine Dosierung oder eine Applikation erwähnt wird, darf der Leser zwar darauf vertrauen, daß Autoren, Herausgeber und Verlag große Sorgfalt darauf verwandt haben, daß diese Angabe **dem Wissensstand bei Fertigstellung des Werkes** entspricht. Für Angaben über Dosierungsanweisungen und Applikationsformen kann vom Verlag jedoch keine Gewähr übernommen werden. **Jeder Benutzer ist angehalten,** durch sorgfältige Prüfung der Beipackzettel der verwendeten Präparate und gegebenenfalls nach Konsultation eines Spezialisten festzustellen, ob die dort gegebene Empfehlung für Dosierungen oder die Beachtung von Kontraindikationen gegenüber der Angabe in diesem Buch abweicht. Eine solche Prüfung ist besonders wichtig bei selten verwendeten Präparaten oder solchen, die neu auf den Markt gebracht worden sind. **Jede Dosierung oder Applikation erfolgt auf eigene Gefahr des Benutzers.** Autoren und Verlag appellieren an jeden Benutzer, ihm etwa auffallende Ungenauigkeiten dem Verlag mitzuteilen.

Gedruckt auf chlorfrei gebleichtem Papier

Rüdigerstraße 14, D-70469 Stuttgart
Printed in Germany
Satz: Fotosatz H. Buck, Kumhausen
Druck: Gulde-Druck, Tübingen

ISBN 3-89373-443-0 1 2 3 4 5 6

Liebe Leserin, lieber Leser!

Das Beschwerdebild des zu hohen Blutdrucks wirft viele Fragen auf. Als Chefarzt an einer Herz-Kreislauf-Klinik beschäftige ich mich seit vielen Jahren mit dieser Erkrankung und vor allem mit den von ihr betroffenen Patienten. Aus der Fülle der Fragen, die mir diese Patienten bei Vorträgen, Seminaren, Stationsgesprächen, Visiten sowie in zahlreichen Einzelgesprächen gestellt haben, habe ich die häufigsten gesammelt und versucht, eine Antwort darauf zu geben. Ein solcher Fragenkatalog kann niemals vollständig sein und niemals alle individuellen Bereiche abdecken. Aus Gründen der Übersichtlichkeit sollte dieses Buch auch einen gewissen Umfang nicht überschreiten. Unter einem Stichwort sind daher oft mehrere Fragen zusammengefaßt worden, so daß in vielen Antworten zusätzliche, nicht in der entsprechenden Überschrift aufgeführte Fragen mitberücksichtigt sind. Der Fragenkatalog am Anfang des Buches dient als Inhaltsverzeichnis; vor jeder Frage steht die Ziffer der Frage, in deren Antwort Näheres dazu erläutert wird. Finden Sie einmal eine spezielle Frage nicht, können Sie im Sachverzeichnis am Ende des Buches nach dem betreffenden Stichwort suchen und so die Frage(n) finden, in denen dieses abgehandelt wird.

Meine Überzeugung ist, daß Sie als Bluthochdruckpatient so viel wie möglich über Ihre Krankheit wissen sollten. Es geht ja letztlich um Ihre Gesundheit, von der wesentlich die Qualität und die Dauer Ihres Lebens abhängen. Als Ärzte können wir Sie gründlich informieren und Sie als Patienten fachkundig, verständnisvoll und geduldig betreuen, aber die Umsetzung der ärztlichen Empfehlungen kann nur durch Sie selbst erfolgen. Sie müssen aus eigener Kraft alles Denkbare gegen Ihren Bluthochdruck und für Ihre Gesundheit tun, d.h., Sie sollten »Spezialist in eigener Sache« sein bzw. werden. Einen Beitrag dazu soll dieses Buch leisten.

Im vorliegenden Buch zu lesen, nachzuschlagen und sich für die verschiedenen mit Ihrem Bluthochdruck zusammenhängenden Fragen zu interessieren kostet meist nicht viel Zeit; sich aber nicht zu informieren und nicht nachzulesen kann Sie vielleicht viele Jahre Ihres Lebens kosten.

Ich wünsche Ihnen auf dem Wege zum »Spezialisten in eigener Sache« guten Erfolg, viel Freude beim Lesen dieses Buches und für Ihre Gesundheit alles erdenklich Gute.

Abschließend habe ich noch eine Bitte an Sie: Sollten Sie einen Vorschlag, eine Kritik oder Anregung zum Inhalt oder zur Gestaltung dieses Buches haben, teilen Sie dies bitte dem Leserservice des TRIAS-Verlages mit. Die nächste Auflage kann dann aufgrund Ihrer Vorschläge von mir noch patientenbezogener gestaltet werden.

Klaus Undeutsch, Juni 1998

Fragen zum Bluthochdruck

1 Was ist Bluthochdruck?

Das Herz zieht sich etwa 60- bis 80mal pro Minute zusammen und dehnt sich wie ein (elastischer) Gummiball anschließend wieder aus; dabei pumpt es das Blut unter Druck in die arteriellen Blutgefäße (Schlagadern), die sich in immer dünnere Äste verzweigen und schließlich in feinste Blutgefäße (Kapillaren) übergehen. Alle diese kleineren und größeren Äste und Gefäße setzen dem Blutstrom einen mehr oder weniger großen Widerstand entgegen, so daß das Blut nur dann ständig fließen kann, wenn es unter einem ausreichenden Druck, dem Blutdruck, steht. Der Druck wird durch die Arbeit des Herzens erzeugt, das dabei gegen den Widerstand der Blutgefäße arbeitet. Das Blut, das in den Blutgefäßen wie in einem weitverzweigten Röhrensystem fließt, versorgt den menschlichen Körper mit Sauerstoff und allen notwendigen Nährstoffen.

Der Blutdruck ändert sich bei jedem Menschen im Laufe des Tages und ist von zahlreichen Faktoren abhängig: Bei körperlicher und seelischer Ruhe sinkt er im allgemeinen und steigt bei körperlicher Anstrengung oder psychischer Aufregung. Die niedrigsten Blutdruckwerte im Tagesrhythmus finden sich normalerweise im Schlaf und in den frühen Morgenstunden, die höchsten Werte treten meist tagsüber während körperlicher oder psychischer Belastung auf. Derartige Schwankungen des Blutdrucks sind normal und als Anpassungsreaktion auf die verschiedenen Einflußfaktoren anzusehen.

Wenn der Blutdruck ständig erhöht ist, spricht man von Hypertonie oder Bluthochdruck.

2 Wie wird der Blutdruck gemessen?

Zur Blutdruckmessung wird eine Druckmanschette am Arm des Patienten angebracht. Diese Druckmanschette ist über zwei Schläuche mit einem Druckmeßgerät verbunden. Wird der Druck in der Manschette durch Aufpumpen so weit erhöht, daß er über dem Blutdruck in den

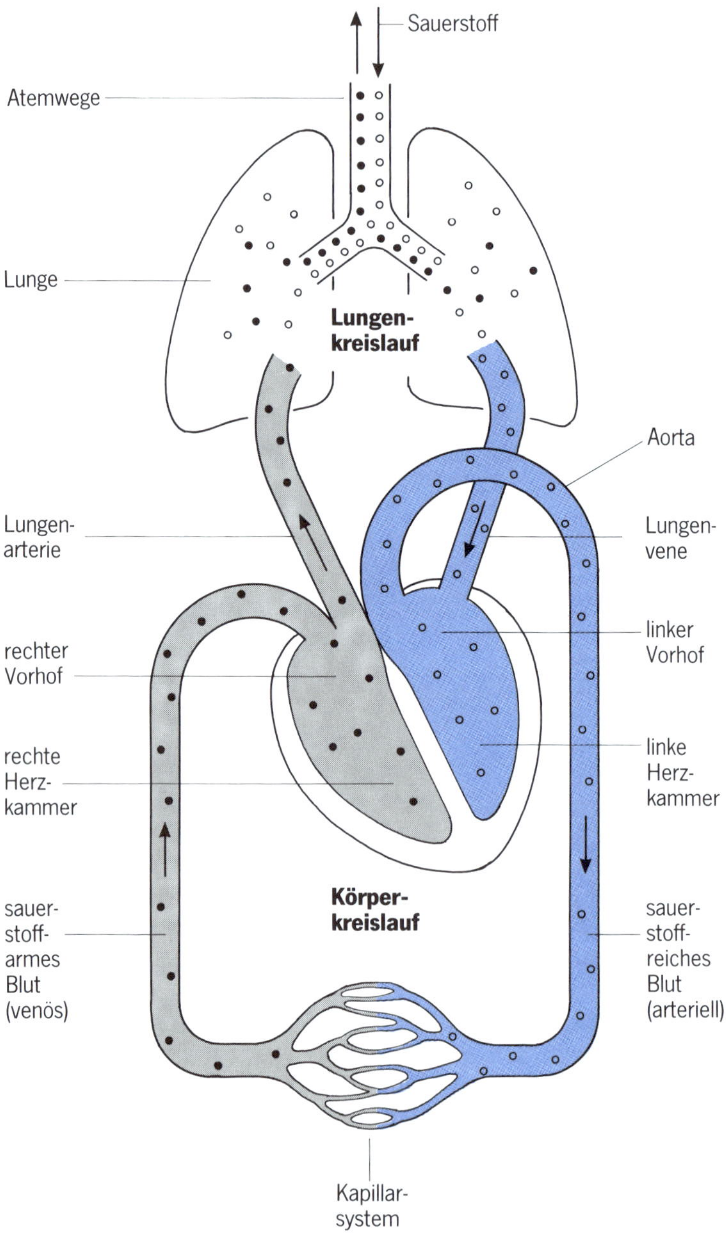

Schema des Herz-Kreislauf-Systems

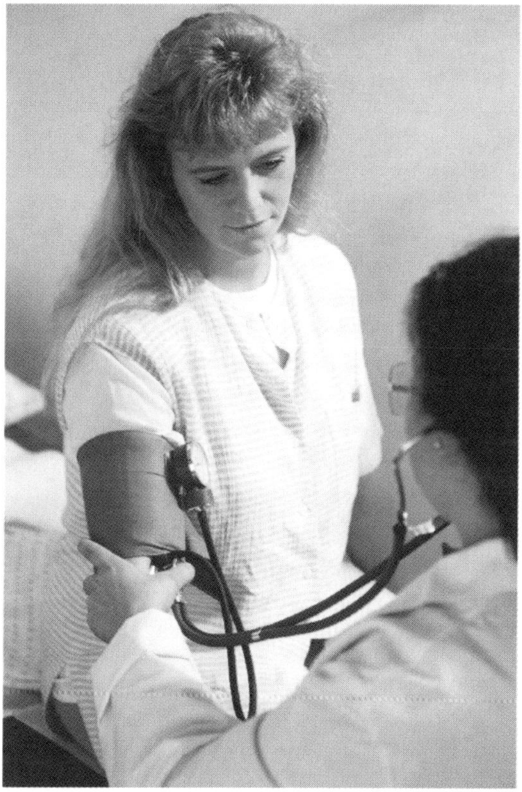

Eine Routineuntersuchung durch die Arzthelferin: die Blutdruckmessung.

Schlagadern liegt, so werden diese zusammengedrückt, und es kann kein Blut mehr hindurchfließen.

Läßt man nun langsam den Druck aus der Manschette ab, so wird in dem Augenblick das Blut wieder zu strömen anfangen, in dem der Druck in der Arterie wieder höher ist als in der Manschette. Mit einem Hörrohr (Stethoskop) kann man über der Armarterie in der Ellenbeuge dann ein regelmäßiges Klopfen oder Rauschen wahrnehmen. Der Beginn dieses Geräusches gibt den Wert für den systolischen Blutdruck (= oberer oder systolischer Blutdruckwert) an: also den Wert, bei dem das Blut soeben wieder durch das vorher zusammengedrückte Gefäß fließen kann.

Bei weiterem Ablassen des Druckes in der Manschette ist dieses Geräusch zunächst noch hörbar, bis es schließlich verschwindet. Das Verschwinden der Töne zeigt an, daß der Blutstrom nicht mehr eingeengt ist. Der in diesem Augenblick bestehende Druck entspricht demjenigen, der während der Erschlaffung des Herzens besteht (= unterer oder diastolischer Blutdruckwert). Auftreten und Verschwinden der pulsierenden Geräusche markieren den systolischen und den diastolischen Blutdruck, die ebenso wie der Barometerdruck in »Millimeter Quecksilbersäule« (mmHg) angegeben werden. Bei Blutdruckangaben nennt man beide Werte. Haben Sie z.B. einen systolischen Druck von 130 und einen diastolischen von 85, dann schreibt man 130/85 mmHg und sagt »130 zu 85« (den Zusatz »Millimeter Quecksilbersäule« spart man sich meistens aus Bequemlichkeit).

3 Wie zuverlässig sind Blutdruckmessungen?

Die Blutdruckmessung ist die Grundlage jeder Blutdruckbehandlung. Daher kommt auch der Blutdruckselbstmessung eine besondere Bedeutung zu. (Näheres zur Blutdruckmessung bei der Antwort zu Frage 2.) Die Messung des Blutdrucks in der ärztlichen Praxis oder durch Sie selbst erfolgt fast immer indirekt, nach der »Methode von Riva-Rocci« (abgekürzt »RR«) und »Korotkoff«. Dabei wird von außen um den Oberarm eine Manschette gelegt, die mit einem Druckmeßgerät (Manometer) verbunden ist und mit Luft aufgeblasen werden kann. Nur in besonderen Fällen wird beim Menschen die Höhe des Blutdrucks direkt gemessen, indem man Kanülen oder geeignete Katheter in eine Arterie einführt und von einem Manometer die Druckwerte abliest.

Bei der in der Regel durchgeführten indirekten Blutdruckmessung kann es sich also niemals um eine exakte, fehlerfreie Blutdruckermittlung handeln; vielmehr sind bei der Blutdruckmessung einige »Fehlerquellen« vorhanden, die dazu führen, daß der indirekt gemessene Blutdruck etwas von den direkten, im Blutgefäß selbst gemessenen Werten abweicht. Zum einen sind die indirekt bestimmten Blutdruckwerte abhängig vom Umfang des Oberarmes (d.h. von der aus Muskeln und Fett bestehenden Weichteildicke, wobei mit zunehmender Weichteildicke gehäuft fälschlich zu hohe Blutdruckwerte ermittelt werden. Daher sollte man bei einem Armumfang von 30 cm oder mehr entweder eine breitere Blutdruckmanschette wählen oder den Wert durch Abzug einiger mmHg (z.B. bei einem Armumfang von 35 cm ca. 10 mmHg und bei einem Armumfang von 43 cm ca. 20 mmHg) korrigieren. (Teilen Sie Ihrem Arzt aber sicherheitshalber immer die tatsächlich gemessenen Werte mit.)

So messen Sie Ihren Blutdruck richtig

1. 3–4 Minuten ruhig sitzen, Arm in Herzhöhe lagern
2. Blutdruckmanschette anlegen, Unterrand 2,5 cm über der Ellenbeuge, Rechtshänder in der Regel am linken Arm
3. Mikrofon an der Innenseite des Oberarms über der Schlagader plazieren
4. Manschette bis 30 mmHg über den systolischen Druck aufpumpen (beim systolischen Druck verschwindet der Puls am Handgelenk)
5. Manschettendruck langsam um 2–3 mmHg pro Sekunde ablassen
6. Beobachten, bei welchem Druck der erste Ton bzw. das erste Blinkzeichen erscheint (= systolischer Blutdruck) und bei welchem Druck der letzte Ton bzw. das letzte Blinkzeichen (= diastolischer Blutdruck) wahrzunehmen ist. Werte auf 2 mmHg genau ablesen. Bei automatischen Geräten werden die Blutdruck- und Pulswerte als Ziffern angezeigt.
7. Werte notieren
8. Wiederholungsmessung frühestens nach einer halben Minute

Eine weitere »Fehlerquelle« bei der Blutdruckmessung ist die falsche Lagerung des Arms, an dem gemessen werden soll: Der ganze Arm (und nicht nur der Oberarm) sollte in Herzhöhe gelagert sein. Manchmal wird auch das Stethoskop (Hörrohr) nicht richtig auf die Ellenbogenarterie aufgesetzt, so daß künstliche oder fehlerhafte Strömungsgeräusche entstehen können. Wenn ältere Menschen, die ihren Blutdruck selbst messen, nicht mehr einwandfrei hören, kann es vorkommen, daß sie die Strömungsgeräusche etwas später wahrnehmen, wenn der Blutdruck zwischenzeitlich bereits einige mmHg gefallen ist. Für solche Menschen können automatische Blutdruckmeßgeräte ohne Stethoskop von Vorteil sein.

Die verschiedenen Fehlermöglichkeiten der indirekten Blutdruckmessung, einschließlich leichter Ablesefehler, sind der Grund, weshalb bei Blutdruckmessungen an derselben Person durch verschiedene Untersucher unterschiedliche Blutdruckwerte ermittelt werden.

Diese Unterschiede sind jedoch meist nicht gravierend und liegen in der Regel unter 10 mmHg. Gerade wegen der verschiedenen »Fehlerquellen« bei dieser indirekten Butdruckmessung sollte der Blutdruck möglichst auf 2 mmHg genau abgelesen und nicht auf die nächste Fünfer- oder Zehnerstelle auf- bzw. abgerundet werden, da hierdurch die zweifellos vorhandene Ungenauigkeit dieser Art der Blutdruckmessung vergrößert werden kann.

Sie selbst sollten sich nicht irritieren lassen, wenn zwischen Ihrer Blutdruckmessung und der Blutdruckmessung z.B. durch Ihren Partner kleine Unterschiede bestehen. Diese Unterschiede liegen in der Methodik der indirekten Blutdruckmessung begründet.

Manchmal hören Sie im Zusammenhang mit der Blutdruckmessung den Namen »Riva-Rocci« (abgekürzt »RR«). Riva-Rocci war ein italienischer Arzt, der die heutige, in der ganzen Welt angewandte Blutdruckmessung mit Manschette, Druckmeßgerät und einem Hörrohr (Stethoskop) einführte. Die Abkürzung »RR« findet sich häufig in der medizinischen Literatur für »indirekte Blutdruckmessung nach der Methode von Riva-Rocci«.

4 Können die Werte am linken und am rechten Arm unterschiedlich sein?

Geringe Blutdruckdifferenzen zwischen dem rechten und dem linken Arm (bis zu 10 mmHg) haben keine krankhafte Bedeutung. Die Unterschiede sind meist durch eine unterschiedliche Muskeldichte oder durch eine unterschiedliche Spannung der Muskulatur des Oberarmes bedingt.

Nur etwa bei der Hälfte aller Menschen findet man in beiden Armen völlig gleiche Blutdruckwerte. Bei diesen »normalen Blutdruckdifferenzen scheinen die Werte des linken Oberarmes etwas häufiger höher zu liegen als umgekehrt.

Bestehen stärkere Blutdruckunterschiede von 20 mmHg und darüber, so liegt der Verdacht nahe, daß die zuführenden Arterien auf der Seite mit den niedrigeren Werten eingeengt sind. Hier sollte dann eine weitere diagnostische Abklärung der Ursache dieser Gefäßeinengung durchgeführt werden. Bei Seitendifferenzen, die dauerhaft bestehen, sollte der Blutdruck immer am gleichen Arm, und zwar am Arm mit den höheren Werten, gemessen werden.

Da bei einigen Menschen aus obengenannten Gründen eine Blutdruckdifferenz zwichen den beiden Armen besteht, sollten Sie einmal zur Orientierung den Blutdruck an beiden Armen messen bzw. messen lassen. Ist der Blutdruck an beiden Armen gleichermaßen erhöht, so sollten Sie, besonders wenn Sie ein jüngerer Patient mit Bluthochdruck sind, Ihren Blutdruck auch an beiden Oberschenkeln von Ihrem Arzt messen lassen; in seltenen Fällen, besonders bei einer Verengung der Hauptschlagader, sind dann die Blutdruckwerte in den Armen (und auch in den Kopf- und Brustraumgefäßen mit den dortigen Organen) deutlich erhöht, in den Beinen dagegen erniedrigt. Auch hier muß dann eine weitere Diagnostik durchgeführt und ggf. eine heute nicht gefährliche Gefäßoperation durchgeführt werden.

5 Warum ist die Blutdruckselbstmessung so wichtig?

Die Blutdruckselbstmessung gibt Ihnen die Möglichkeit, Ihre Blutdruckwerte bei einer Vielzahl alltäglich vorkommender Situationen kennenzulernen. Die von Ihnen gemessenen und protokollierten Werte vermitteln Ihnen und Ihrem behandelnden Arzt einen Überblick über Ihr Blutdruckverhalten. Sie können z.B. erkennen, ob es im Rahmen der tageszeitlichen Blutdruckschwankungen während bestimmter Tageszeiten zu besonders hohen Werten kommt; Sie lernen weiter Situationen und Tätigkeiten kennen, bei denen Ihr Blutdruck überdurchschnittlich stark ansteigt. Sie haben auf diese Weise die Möglichkeit, solche Situationen vielleicht ganz zu meiden. Jeder Hochdruckpatient ist in der Regel dazu in der Lage, seinen Blutdruck selbst zu messen. In unserer heutigen technisierten Welt muß fast jeder Mensch mit mehr oder weniger vielen technischen Geräten umgehen und leben; viele davon sind in ihrer Handhabung schwieriger zu erlernen als die Blutdruckselbstmessung.

Für die Blutdruckselbstmessung stehen dem Patienten in der Hauptsache zwei unterschiedliche Meßprinzipien zur Verfügung: die Methode nach Riva-Rocci mittels aufblasbarer Blutdruckmanschette und das oszillometrische Prinzip. Während die Methode nach Riva-Rocci sowohl manuell mit Stethoskop als auch automatisch mittels Digitalanzeige nur am Oberarm angewendet wird, existieren für das oszillometrische Prinzip automatische Geräte, die den Blutdruck sowohl am Oberarm als auch am Finger messen. In einer an der Universität Frankfurt durchgeführten Doktorarbeit wurde festgestellt, daß die oszillometrische Blutdruckmessung mit der Blutdruckmanschette eine gute Übereinstimmung mit den tatsächlich bestehenden Blutdruckwerten aufweist; Blutdruckselbstmeßgeräte, die nach dem Prinzip der oszillometrischen Fingerblutdruckmessung arbeiten, haben dagegen häufig Fehler bzw. Falschmessungen ergeben.

In den letzten Jahren sind Blutdruck-Selbstmeßgeräte auf den Markt gekommen, die den Blutdruck nach dem oszillometrischen Prinzip am Unterarm bzw. am Handgelenk messen. Diese Selbstmeßgeräte werden einfach ans Handgelenk geschnallt. Vergleichende Untersuchungen haben ergeben, daß die oszillometrische Blutdruckmessung am Handgelenk derjenigen mit Manschette am Oberarm vergleichbar ist, wenn sich das Handgelenk in der Messung in Höhe des Herzens befindet.

Bei den meisten Patienten mit Bluthochdruck wird durch die Blutdruckselbstmessung das Interesse an ihrem Bluthochdruck gesteigert, was nur von Vorteil sein kann. Einige wenige Patienten sind nicht in der Lage, den Sinn der Blutdruckselbstmessung zu erfassen bzw. sie fixieren sich zu sehr auf ihren Blutdruck. Diese Patienten sollten dann von der Blutdruckselbstmessung wieder Abstand nehmen.

In den ersten Wochen empfiehlt es sich, den Blutdruck möglichst mehrmals täglich zu messen, davon zweimal am Tag immer zur gleichen Tageszeit. Die Messungen sollten vor allem dazu dienen, das Blutdruckverhalten entsprechend der Tagesrhythmik und in anderen Situationen kennenzulernen; auch die Wirksamkeit der Medikamente soll hierdurch überprüft werden. Wichtig ist, daß die Messung immer am gleichen Arm und in der gleichen Körperposition (am besten im Sitzen oder im Liegen) durchgeführt wird, wobei der Blutdruckmessung eine drei- bis fünfminütige Ruhe- und Entspannungsphase vorangehen sollte.

Die Blutdruckselbstmessung ist von großer Bedeutung für die Aufstellung und Kontrolle des antihypertensiven Behandlungsplanes durch den Arzt. Selbstmessung bedeutet somit nicht Selbstbehandlung! Die Dosierung des blutdrucksenkenden Medikamentes darf nur mit Zustimmung Ihres Arztes verändert werden. Wie Sie bei den Fragen 28–30 u.a. nachlesen können, kann die eigenmächtige Änderung der Therapie unter Umständen zu schwerwiegenden Nebenwirkungen und Komplikationen führen.

Die Kosten für ein Blutdruckmeßgerät werden je nach Krankenkasse ganz oder teilweise erstattet, wobei in der Regel eine ärztliche Begründung über die Notwendigkeit der Anschaffung erforderlich ist. Bei einigen Krankenkassen ist es üblich, daß die Kosten für ein herkömmliches Standardgerät übernommen werden; entscheidet sich der Patient jedoch für ein teureres Gerät, so muß er die Differenzkosten selbst tragen.

Wichtig ist, daß Sie eine fortlaufende Blutdruckkurve zeichnen bzw. ein Blutdruck-Tagebuch führen. Bei jeder Konsultation Ihres Arztes sollten Sie diesem Ihre Aufzeichnungen des Blutdruckverlaufs vorlegen. In diese Aufzeichnungen sind neben den mehrmals täglich gemessenen Blutdruckwerten (möglichst zur gleichen Tageszeit und unter den gleichen Bedingungen) auch die vom Arzt verordnete Medikation und besondere Ereignisse (Ärger bei der Arbeit, Reisen, Ehekrach, Durchfall, vergessene Arzneimitteleinnahme u.a.) einzutragen. Oftmals werden Sie beobachten, daß Ihre selbstgemessenen Werte niedriger liegen als die »Sprechstunden-Blutdruckwerte«. Das liegt daran, daß die häusliche Messung in entspannterer Atmosphäre und ohne besondere Erwartungshaltung durchgeführt werden kann.

6 Was ist »hoher Blutdruck« oder »Bluthochdruck« oder »Hypertonie«?

Die in der Frage enthaltenen Begriffe sind nur verschiedene Wörter für die gleiche Sache, d.h., sie beschreiben das gleiche und können gleichermaßen verwendet werden. Manchmal liest man auch den Begriff »Hypertension«: Das ist das englische Wort für Bluthochdruck.

In der Antwort zu Frage 14 (»Warum ist Bluthochdruck so gefährlich?«) wird kurz erklärt, warum der Mensch bei hohem Blutdruck gefährdet ist. Ab welcher Blutdruckhöhe spricht man überhaupt von Bluthochdruck?

Die obere Grenze des normalen Blutdruckes liegt bei 140/90 mmHg. Blutdruckwerte von 160/95 mmHg und höher sind eindeutig als erhöhter Blutdruck, also als Zeichen für Bluthochdruck, anzusehen. Blutdruckwerte, die zwischen diesen beiden Bereichen liegen (also oberhalb 140/90 mmHg und unterhalb 160/95 mmHg), gehören zu einem Zwischenbereich, der als »kontrollbedürftiger Grenzbereich« oder »Grenzwerthypertonie« oder »borderline hypertension« bezeichnet wird.

Bei Ruheblutdruckwerten in diesem Zwischenbereich sind häufigere Kontrollmessungen erforderlich, um festzustellen, ob der Blutdruck mehr zum normalen oder mehr zum eindeutig erhöhten Bereich tendiert.

Die große Schwankungsbreite des Blutdrucks im Verlaufe des Tages macht es dem Arzt oder aber Ihnen selbst bei der Blutdruckmessung manchmal sehr schwer, den durchschnittlichen Blutdruckwert zu bestimmen. Die Blutdruckmessung sollte daher möglichst immer zur gleichen Tageszeit (z.B. morgens und/oder abends) erfolgen.

Die eben beschriebene Einteilung nach Höhe der Blutdruckwerte gilt für (erwachsene) Männer und Frauen gleichermaßen. Sie ist auch weitgehend altersunabhängig. Erst bei Personen, die älter als 65 Jahre sind, kann man eventuell bezüglich des ersten Blutdruckwertes einen etwas höheren Wert als normal tolerieren. Dies muß aber im einzelnen mit dem Arzt besprochen werden. Ansonsten ist bei eindeutig erhöhtem Blutdruck (Blutdruckwerte 160/95 mmHg und höher) immer eine Behandlung und/oder eine Änderung des Lebensstils erforderlich.

Blutdruck: Welche Werte sind normal?

Normalwert:
systolisch .... bis 140 mmHg und
diastolisch .... bis 90 mmHg

Grenzwert:
systolisch .... zwischen 140 und 160 mmHg und/oder
diastolisch .... zwischen 90 und 95 mmHg

Hochdruck:
systolisch .... 160 mmHg und/oder
diastolisch .... 95 mmHg und höher

7 Wie kommt es zu Bluthochdruck?

Bei den meisten Menschen, die an hohem Blutdruck leiden, läßt sich keine Ursache finden. Der Arzt bezeichnet diese Form von Bluthochdruck als »primäre« oder »essentielle Hypertonie«. Der Hochdruck ist hier die Grundkrankheit, und die Schäden, die er verursacht, sind Folgeerscheinungen. Meist entsteht diese Form des Bluthochdrucks auf dem Boden einer angeborenen Anlage. Umweltbedingte und verhaltensabhängige Einflüsse machen dann aus dieser Anlage eine Krankheit. Wenn es in Ihrer Familie eine Reihe von Verwandten mit erhöhten Blutdruckwerten gibt, müssen Sie annehmen, daß Sie Erbanlagen haben, die besonders leicht zu Hochdruck führen. Allerdings muß die familiäre Veranlagung zum Bluthochdruck nicht notwendigerweise zu einer Hochdruckkrankheit und ihren Folgeschäden führen; es müssen nämlich immer noch auslösende Bedingungen hinzukommen. Solche auslösende Bedingungen können eine falsche Ernährungsweise mit übermäßiger Kalorienzufuhr und Übergewicht, vor allem aber eine zu hohe Kochsalzaufnahme sein. Andere wichtige Faktoren sind psychische Belastungen, Unrast und Hetze. Wie es dabei im einzelnen zur Hochdruckkrankheit kommt, wissen wir heute noch nicht genau.

In seltenen Fällen (ca. 10%) kann der Hochdruck selbst schon eine Folgekrankheit einer ganz anderen Grundkrankheit sein. Wir sprechen dann von einer »sekundären Hypertonie«. Zu den Organerkrankungen, die Bluthochdruck nach sich ziehen können, zählen verschiedene Nierenkrankheiten, Störungen im Hormonhaushalt, angeborene Mißbildungen der Hauptschlagader oder andere seltene krankhafte Veränderungen. Meistens gelingt Ihrem Arzt die Diagnose nur dadurch, daß ein kompliziertes Untersuchungsprogramm durchgeführt wird. In manchen Fällen läßt sich diese Hochdruckform durch einen operativen Eingriff, bei dem die Grundkrankheit beseitigt bzw. korrigiert wird, zum Verschwinden bringen.

Jedoch spricht vieles dafür, daß psychische Dauerbelastungen einschließlich Unrast und Hetze mit Störungen in unserem autonomen (= vegetativen = unwillkürlichen) Nervensystem einhergehen. Vor allem die für das vegetative Nervensystem erforderlichen Entspannungsphasen (vagotone Phasen) werden durch die permanenten Anspannungsphasen (sympathikotone Phasen) verdrängt. Dies muß nicht unbedingt mit Symptomen oder Beschwerden einhergehen; diese treten erst nach vielen Jahren psychischer Daueranspannung auf. Trotzdem kennen viele Menschen, insbesondere Bluthochdruckpatienten, erste Symptome psychischer Anspannung: Verstärktes Herzklopfen in Ruhe oder bei geringen Belastungen weisen darauf hin. Bei anderen Menschen klopft das Herz bis zum Halse, hier steht im Hintergrund einer psychischen Anspannung auch schon mehr oder weniger Angst. Besonders wenn ein Hochdruckpatient das Gefühl der Kontrolle über eine Sache verliert bzw. diese nicht in den Griff bekommt, kommt es zu einer Anspannung der Muskulatur in den Gefäßwänden mit dadurch bedingten Blutdruckanstiegen.

Wenn Menschen (insbesondere Bluthochdruckpatienten) über nächtliches Herzklopfen klagen, deutet dies darauf hin, daß das vegetative Nervensystem nicht einmal mehr nachts, in der eigentlichen körperlichen Erholungszeit, entspannen kann: Der immer antriebsbereite Sympathikus hat die Oberhand über den für Ruhe und Ausgleich sorgenden Vagus gewonnen.

8 Wie erkenne ich, daß ich hohen Blutdruck habe?

Bluthochdruck ruft keine typischen Beschwerden hervor, die frühzeitig vor ihm warnen. Der Bluthochdruck stellt vielmehr eine »stumme Gefahr« dar: Viele Menschen fühlen sich trotz hohen Blutdrucks jahrelang wohl und leistungsfähig und haben keinerlei Beschwerden.

Das einzige sichere Mittel, Bluthochdruck frühzeitig zu erkennen, ist die Blutdruckmessung.

In den meisten Fällen wird ein hoher Blutdruck zufällig entdeckt. Der Blutdruck sollte auch beim Gesunden regelmäßig, z.B. einmal jährlich, kontrolliert werden. Damit überlassen Sie Ihr Schicksal nicht dem Zufall. Denn nur, wenn der Hochdruck rechtzeitig erkannt wird, kann man wirkungsvoll gegen ihn vorgehen und auf diese Weise die lebensgefährlichen Folgeerscheinungen verhindern.

9 Welche Beschwerden weisen auf deutlich erhöhte Blutdruckwerte hin?

Die Höhe der Blutdruckwerte zeigt im allgemeinen keinen direkten Zusammenhang mit möglichen Symptomen und Beschwerden. Viele Menschen fühlen sich mit erhöhten Blutdruckwerten besonders wohl, so daß weder sie selbst noch ihr Arzt ohne eine Blutdruckmessung das Vorliegen der erhöhten Blutdruckwerte bemerken (siehe auch Antwort zu Frage 8).

Deutlich erhöhte Blutdruckwerte gehen oftmals jedoch mit Symptomen und Beschwerden einher, wobei diese ganz unterschiedlich sein können. Als Allgemeinsymptome können einzelne oder auch mehrere der nachfolgenden Beschwerden vorliegen: Herzklopfen, Angstgefühl, Schwindel und Schweißausbruch, aber auch Ohrensausen und Nasenbluten. Manchmal bestehen Zeichen der akuten Herzschwäche, wie schon in Ruhe vorhandene Luftnot oder eine Wasseransammlung in den Lungen. Auch Symptome einer nicht ausreichenden Durchblutung der Herzkranzgefäße, beginnend mit einer Angina pectoris bis hin zu einem Herzinfarkt, können Ausdruck deutlich erhöhter Blutdruckwerte sein. Kommt es zu einer Beteiligung des Gehirns infolge erhöhter Blutdruckwerte, so können starke Kopfschmerzen, Sehstörungen und Augenzuckungen (Nystagmus) verbunden mit Schwindel auftreten. Aber auch Bewußtseinstrübungen, Bewußtlosigkeit, Lähmungserscheinungen, zerebrale Krampfanfälle, Erbrechen und durch Störungen im Gehirn bedingte Atmungsstörungen können die Folge sein. Auf diese schwere Hochdruckform wird in den Antworten zu den Fragen 80 und 81 näher eingegangen.

Schwindel und Kopfschmerzen können Zeichen von hohem Blutdruck sein.

10 Warum macht man eine Blutdruck-Langzeitmessung?

Ein häufiges Problem in Diagnostik und Therapie des Blutdruckes ist die Beurteilung des Blutdruckverhaltens aufgrund einzelner in der Arztpraxis gemessener Blutdruckwerte, da der »Praxis-« oder »Gelegenheitsblutdruck« oft nur wenig über den Blutdruckverlauf während des gesamten Tages und der Nacht aussagt. Bessere Informationen zum tatsächlichen Blutdruckverlauf während des Tages kann man erhalten, wenn der Patient ein Blutdruckselbstmeßgerät besitzt und im Laufe des Tages seinen Blutdruck mehrmals mißt. In der Regel wird der Blutdruck jedoch zunächst in der Arztpraxis gemessen. Diese einmalige Blutdruckmessung hat jedoch nur eine begrenzte Aussagekraft: Die Erwartungshaltung des Patienten in der Arztpraxis und die begleitende innere Anspannung führen nämlich bei der Blutdruckmessung durch den Arzt oder seine Arzthelferin häufig zu erhöhten Blutdruckwerten, dem sogenannten »Praxis-« oder »Gelegenheitsbluthochdruck«, der bei einer Reihe von Patienten normalerweise nicht besteht.

Wie an anderer Stelle in diesem Buch ausgeführt, gibt es kaum eine physiologische Größe, die im Verlauf eines Tages stärker schwankt als der Blutdruck. Aufgrund der wenigen Blutdruckmessungen, die in der Regel zur Diagnose eines Bluthochdrucks (Hypertonie) herangezogen werden, wird der Blutdruck daher bei einer Reihe von Patienten fälschlich als eher zu hoch eingeschätzt.

Fortschritte in der Medizintechnologie haben in den letzten Jahren die Entwicklung vollautomatischer Langzeit-RR-Meßsysteme (meist mit Blutdruckmanschette) ermöglicht, mit denen der Blutdruck ambulant zuverlässig über 24 Stunden aufgezeichnet werden kann. Durch die große Anzahl der gemessenen Werte (z.B. tagsüber alle 15 Minuten und nachts alle 30–60 Minuten) kann das individuelle RR-Verhalten eines Patienten bedeutend besser beurteilt werden. Da eine solche ambulante Blutdruck-Langzeitmessung kein eingreifendes diagnostisches Verfahren ist, wird sie im allgemeinen vom Patienten ohne größere innere Widerstände angenommen. Die 24-Stunden-Blutdruckmessung hilft auf diese Weise, Patienten zu erkennen, die mit größter Wahrscheinlichkeit einen Nutzen aus Diagnostik und Therapie ziehen werden. Neben den Entscheidungshilfen für oder gegen die Notwendigkeit therapeutischer Maßnahmen ermöglicht die RR-Langzeit-Messung eine exakte Blutdruckeinstellung un-

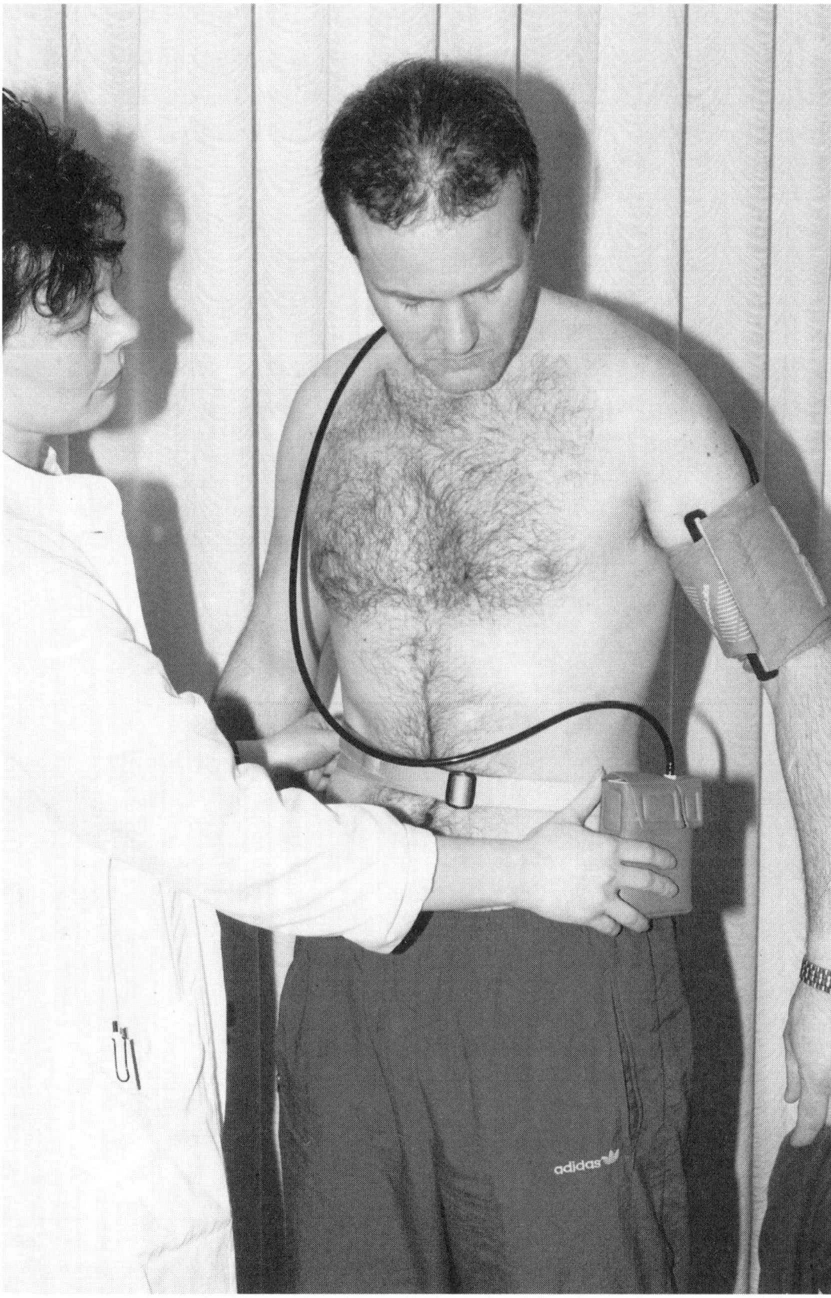

Das Langzeit-EK-Meßgerät wird angelegt.

ter der Therapie, was besonders bei schwereren Blutdruckformen günstig ist.

Besonders wichtig für den Patienten ist zudem, daß eine solche Blutdruck-Langzeitmessung heute unter ambulanten Bedingungen durchgeführt werden kann.

Der Patient findet sich zu dem vereinbarten Termin bei seinem Arzt ein; dieser oder seine Arzthelferin legt ihm die Blutdruckmanschette, welche mit einem 300 bis 500 g schweren Meßgerät verbunden ist, um den Oberarm. Das Meßgerät ist heute elektronisch so einstellt, daß die Intervalle der Blutdruckmessungen frei einstellbar sind, wobei für verschiedene Tageszeiten unterschiedliche Intervalle eingegeben werden können. Bei jedem Meßvorgang wird die Blutdruckmanschette üblicherweise bis etwa 30 mmHg über dem zuletzt gemessenen systolischen Blutdruck aufgepumpt. Über ein von einem Mikroprozessor vorgesteuertes Ablaßventil wird der Manschettendruck anschließend stufenweise um ca. 5 mmHg pro Sekunde gesenkt. Der Meßvorgang dauert im allgemeinen 30 Sekunden.

Bei einem Druck von mehr als 260 mmHg wird das pneumatische System automatisch abgeschaltet und der Druck abgelassen. Der gemessene systolische und diastolische Blutdruck sowie die Pulsfrequenz können über eine Datenanzeige auf einem kleinen Monitor am Gerät direkt nach jeder Messung abgelesen werden; zusätzlich werden diese Daten von einem kleinen, im Gerät eingebauten Computer gespeichert. Nach Ende der 24stündigen Blutdruckmessung können die gemessenen Blutdruckwerte einschließlich der Pulsfrequenzen über einen Drucker ausgedruckt werden. Mit den meisten Computern können zusätzliche Auswertungen vorgenommen werden, z.B. bildliche Darstellungen des Blutdruckverlaufes über den Gesamtmeßzeitraum oder auch nach Tag und Nacht getrennt.

Umfangreiche wissenschaftliche Untersuchungen haben gezeigt, daß mit den meisten modernen auf dem Markt befindlichen Blutdruck-Langzeitmeßgeräten sehr hohe Übereinstimmungen mit den tatsächlichen Blutdruckwerten bestehen. Dies gilt auch unter Berücksichtigung der Tatsache, daß physiologische Blutdruckunterschiede von 10 bis 20 mmHg zwischen einzelnen Schlägen bestehen können bzw., daß sich innerhalb von 1–2 Minuten in Abhängigkeit von körperlicher Tätigkeit oder psychischer Situation erheblich höhere Blutdruckunterschiede einstellen.

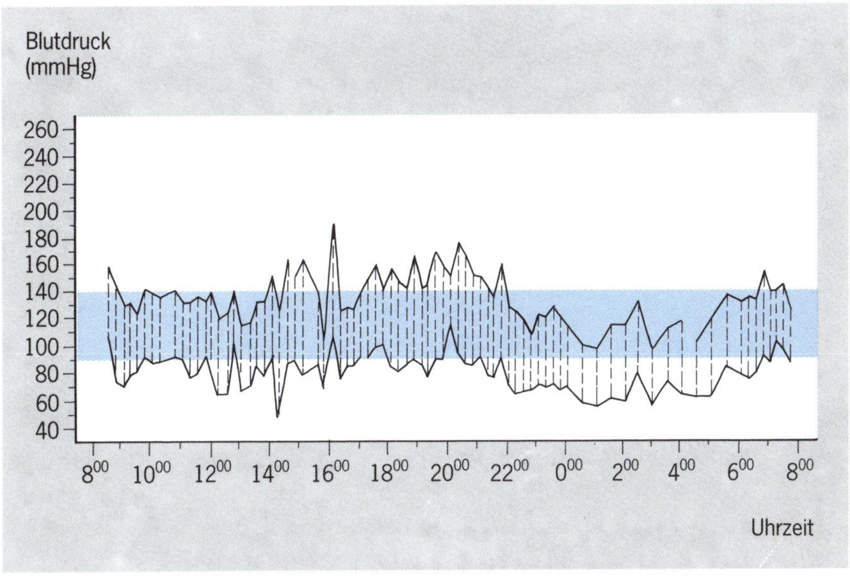

Die Graphik zeigt das Ergebnis einer 24-Stunden-Blutdruckmessung. Die obere Linie stellt den systolischen und die untere Linie den diastolischen Blutdruck dar.

Von ganz besonderer Wichtigkeit ist das vom Patienten während der Blutdruck-Langzeitmessung zu schreibende Tätigkeitsprotokoll, damit bei der Auswertung der Messungen Aktivitäts- und Ruhephasen den jeweiligen Blutdruckwerten zugeordnet werden können. Insbesondere körperliche und emotionale Belastungen, die Einnahmezeit von Medikamenten und Schlafphasen sollten möglichst exakt festgehalten werden.

Die 24-Stunden-Langzeit-Blutdruckmessung ermöglicht neben der besseren Beurteilung des Blutdruckverhaltens unter alltäglichen Bedingungen durch die große Anzahl der gemessenen Blutdruckwerte besonders auch eine bessere Beurteilung von blutdrucksenkenden Maßnahmen in der Langzeitbehandlung von Patienten mit Bluthochdruck. Insbesondere die medikamentöse Therapie kann hiermit viel besser gesteuert und beurteilt werden, als dies mittels Gelegenheitsblutdruckmessungen in der Praxis möglich ist. Gegenüber der Blutdruckselbstmessung hat die 24-Stunden-Blutdruckmessung den Vorteil, daß auch nachts das Blutdruckverhalten registriert werden kann sowie bei einer Reihe alltäglicher Belastungen, bei denen eine gleichzeitige Blutdruckselbstmessung nicht möglich ist. Viele Ärzte möchten die 24-Stunden-Blutdruckmessung nicht mehr missen, weil diese Methode in der Diagnostik und in der Therapieüberwachung des Bluthochdrucks dem Patienten gleichermaßen wie dem betreuenden Arzt sehr viel mehr Sicherheit bietet. Es ist zu erwarten, daß bis zum Jahre 2000 viele Ärzte dieses Untersuchungsverfahren in ihr Praxisprogramm mitaufnehmen werden. Die 24-Stunden-Blutdruckmessung wird immer mehr zu einer Routinemethode werden, da voraussichtlich die Geräte noch preiswerter werden, als sie es heute sind.

11 Wie häufig kommt Bluthochdruck vor?

Der Bluthochdruck ist die Zivilisationskrankheit Nr. 1. Fast jeder fünfte Mensch (Mann oder Frau) im Alter über 40 Jahren leidet an hohem Blutdruck. Aber auch bei den Menschen unter 40 Jahren gibt es einen bedeutsamen Prozentsatz mit erhöhtem Blutdruck. In Deutschland leben ca. 10 Millionen Hochdruckkranke, von denen ungefähr 5 Millionen an einer durch hohen Blutdruck bedingten Schädigung des Herzens leiden. Wenn sich alle Bürger unseres Landes bezüglich ihrer Gesundheit verantwortungsbewußt verhielten, könnte diese Zahl erheblich gesenkt werden. Etwa die Hälfte der Menschen mit erhöhten Blutdruckwerten weiß nichts davon, zumal diese Menschen ja auch keinerlei subjektive Beschwerden verspüren. Die andere Hälfte kennt zwar ihren individuell erhöhten Blutdruck; da sich diese Menschen aber subjektiv wohlfühlen, werden oftmals keine wirkungsvollen Maßnahmen zur Normalisierung des Blutdruckes ergriffen. Kennen Sie Ihren Blutdruck?

12 Ist der Bluthochdruck eine Zivilisationskrankheit?

Aus den Antworten zu den Fragen 7 und 16 ersehen Sie, daß die meisten Hochdruckerkrankungen heute (zumindest teilweise) durch eine ungesunde, den Bedürfnissen des Körpers nicht angepaßte Lebensführung entstehen. In einzelnen Fällen, auch das wird gesagt, kann es natürlich auch noch andere Gründe für eine Hochdruckerkrankung geben. In der Zeit der Mangelernährung nach dem Krieg war hoher Blutdruck eine relativ seltene Krankheit. Heute dagegen ist hoher Blutdruck zur »Volksseuche« bzw. zur »Zivilisationskrankheit Nr. 1« geworden.

13 Wie kann man sich vor Bluthochdruck schützen?

In Antworten auf vorangegangene Fragen wurde darauf hingewiesen, daß der Bluthochdruck meist auf dem Boden einer angeborenen Veranlagung entsteht. Daher liegt Bluthochdruck oft »in der Familie«. Besteht bei Ihnen Neigung zu erhöhtem Blutdruck, dann sollten Sie besonders auf Ihre Lebensweise achten. Das bedeutet, daß Sie sich bemühen müssen, die in der Antwort auf Frage 16 aufgeführten Risikofaktoren zu reduzieren oder sogar ganz auszuschalten, oder, mit anderen Worten ausgedrückt, Sie sollten besonders auf eine gesunde Lebensweise achten. Das Ausschalten der Risikofaktoren bzw. ihre Reduzierung – wichtig ist, daß der Wille dazu da ist – reicht dann oftmals aus, um die bei Ihnen bestehende Veranlagung zum Bluthochdruck nicht bzw. erst mit erheblicher zeitlicher Verzögerung durchbrechen zu lassen. Sie haben also noch keinen erhöhten Blutdruck, wollen diesen aber auch nach Möglichkeit verhindern.

In späteren Abschnitten dieses Ratgebers wird aufgezeigt, wie auch ein bereits bestehender Bluthochdruck durch Beseitigung von begünstigenden Faktoren gesenkt bzw. beseitigt und dadurch Schlimmeres verhindert werden kann.

14 Warum ist Bluthochdruck so gefährlich?

Je höher der Blutdruck, desto schwerer wird es für das Herz, gegen den erhöhten Widerstand anzupumpen. Das Herz muß also immer schwerere Arbeit leisten, so daß im Laufe der Jahre seine Kraft erlahmt und es dadurch zu Herzschwäche (Herzinsuffizienz) und schlimmstenfalls zu Herzversagen kommen kann. Nicht weniger gefährlich als die Überlastung des Herzens durch einen zu hohen Blutdruck ist die durch die erhöhte Druckbelastung hervorgerufene Verhärtung und Verengung aller arteriellen Gefäße (also sowohl großer wie kleiner und kleinster Schlagadern), wobei ganz besonders die Hirn-, Herzkranz-, Nieren- und Augengefäße in Mitleidenschaft gezogen sind.

Liegt erst einmal ein Bluthochdruck vor, so kommt oftmals ein verhängnisvoller Kreislauf in Gang: Durch die Verengung und Versteifung der Gefäße nimmt nach und nach die Organdurchblutung und mit ihr die allge-

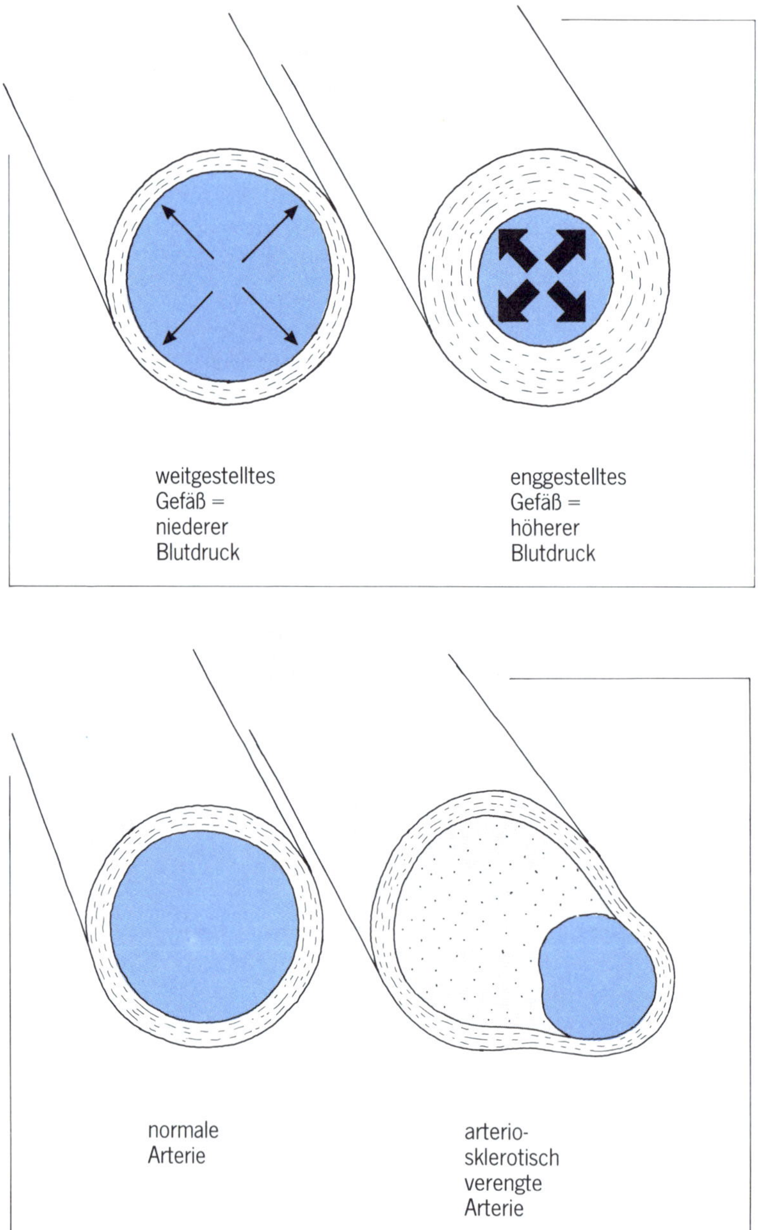

So wirkt sich die Weite des Gefäßes auf den Blutdruck aus.

meine Funktionsfähigkeit ab. Um dennoch die Organdurchblutung und die allgemeine Leistungsfähigkeit einigermaßen aufrechtzuerhalten, muß der Blutdruck durch vermehrte Herzarbeit weiter ansteigen.

Das heißt: Ein hoher Blutdruck führt langsam, aber stetig, zu einer weiteren Zunahme der Verhärtung und Verengung der Blutgefäße mit der Folge, daß sich wiederum der Blutdruck erhöht.

Diesen »Teufelskreis« (negativer Kreislauf) gilt es so früh wie möglich zu durchbrechen. Wie dies möglich ist, insbesondere was Sie selbst dagegen tun können, und wie Sie trotz eines erhöhten Blutdruckes ein glückliches und wertvolles Leben führen können, all dies sollen Sie beim Lesen dieses Buches erfahren.

15 Welche Gesundheitsschäden kann ein zu hoher Blutdruck bewirken?

In der Antwort zu Frage 14 wurde bereits darauf hingewiesen, daß der hohe Blutdruck zu einer Schlagaderverengung und -verkalkung (= Arteriosklerose) führt. Als besonders gefährliche Folgen, weil oft mit tödlichem Ausgang, können daraus ein Herzinfarkt, Schlaganfall und Nierenversagen resultieren. Ein tödlicher Hirnschlag oder Herzinfarkt ist bei unbehandelten Hochdruckkranken mehr als doppelt so häufig wie bei Menschen gleichen Alters mit normalem Blutdruck. Weiterhin wurde in der Antwort zu Frage 14 angedeutet, daß es infolge der immer schwereren Herzmuskelarbeit bei Bluthochdruck im Laufe der Jahre zunächst zu einer Herzmuskelverdickung (Hypertrophie) und später zu einer Herzschwäche (Herzinsuffizienz) kommt; die Kraft des Herzmuskels erlahmt. Auch ein Herzinfarkt (unabhängig, ob durch Bluthochdruck mitbedingt) kann zu einer Abnahme der Herzmuskelpumpkraft führen, da beim Infarkt Teile des Herzmuskelgewebes absterben; dadurch wird in der Regel der Herzinsuffizienz ebenfalls der Boden bereitet. Den Antworten zu den Fragen 16, 28 und 33 ist zu entnehmen, daß ein hoher Blutdruck in der Regel nicht mehr von selbst zurückgeht; es handelt sich meist um eine lebenslange Erkrankung.

Hoher Blutdruck verkürzt die Lebenserwartung. 40 % aller Todesfälle bei Menschen unter 65 Jahren sind Folgen der Hochdruckkrankheit. Die

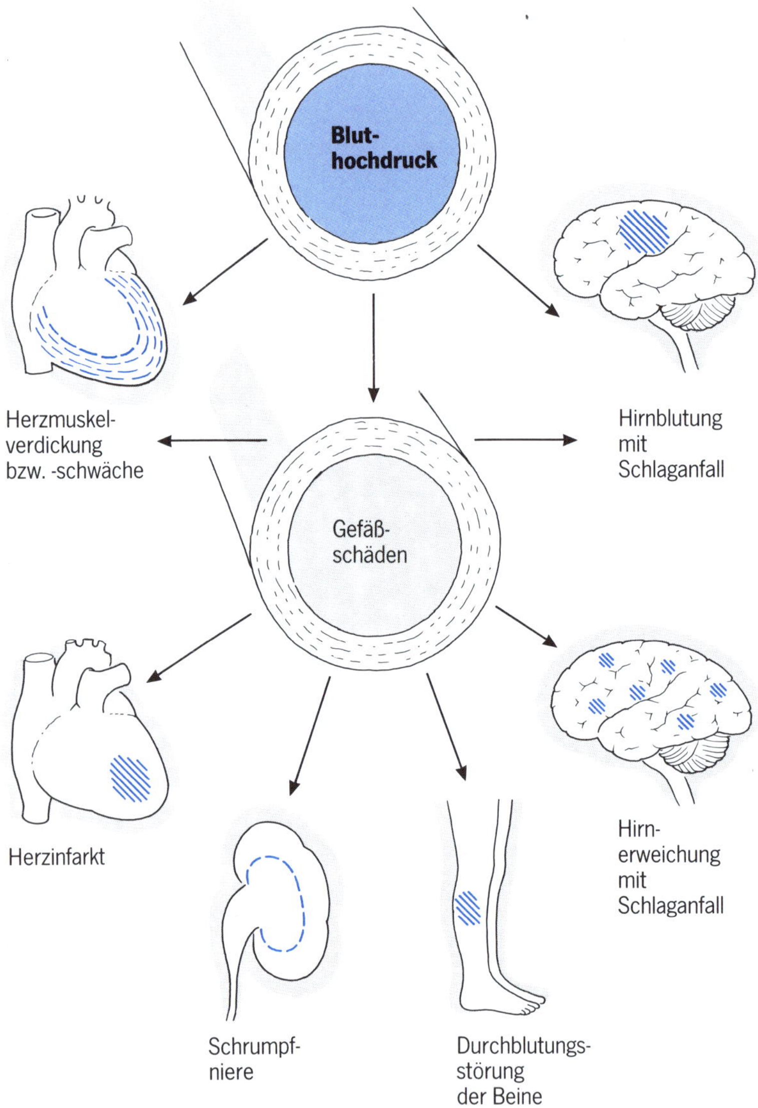

Gesundheitsschäden durch hohen Blutdruck

Hochdruckkrankheit und ihre Komplikationen zählen somit zu den häufigsten Ursachen von Invalidität und Tod.

16 Welches sind die Risikofaktoren für Herz-Kreislauf-Erkrankungen?

Zahlreiche wissenschaftliche Untersuchungen der zurückliegenden Jahrzehnte haben gezeigt, daß es eine Reihe von Faktoren gibt, die mit einem erhöhten Risiko, eine Herz-Kreislauf-Krankheit zu bekommen, einhergehen. Einer dieser Risikofaktoren ist der Bluthochdruck. Neben dem Bluthochdruck gibt es aber noch weitere Risikofaktoren, die das Auftreten der Herz-Kreislauf-Erkrankungen begünstigen:

- Fettstoffwechselstörungen, insbesondere erhöhte Cholesterin- und/ oder Triglyzeridwerte im Blut,
- Zigarettenrauchen,
- Diabetes mellitus (Zuckerkrankheit),
- Übergewicht (Adipositas),
- erhöhte Harnsäure,
- erbliche Veranlagung (Disposition),
- Dauerstreß in Familie und/oder Beruf,
- Bewegungsmangel.

Bei Vorliegen eines oder mehrerer dieser Risikofaktoren müssen Sie nicht notwendigerweise eine Herz-Kreislauf-Erkrankung bekommen, doch die statistische Wahrscheinlichkeit, eine solche Erkrankung zu erleiden, ist höher, als wenn keine Risikofaktoren vorliegen. Besonders ungünstig ist, daß sich das Risiko, eine Herz-Kreislauf-Erkrankung zu erleiden bei Vorliegen mehrerer Risikofaktoren nicht nur addiert, sondern meist sogar potenziert. So ist z.B. ein 45jähriger Mann, der einen Bluthochdruck infolge ererbter Disposition aufweist, dazu erhöhte Fettwerte hat und zudem noch Zigaretten raucht, ca. 10mal mehr gefährdet als ein gleichaltriger Mann, der diese drei Faktoren nicht hat. Sie können sich leicht vorstellen, daß der eben beschriebene Fall mit den geschilderten drei Risikofaktoren in unserer heutigen Zeit leicht noch weitere ungünstige Faktoren aufweisen kann: Unser »Mustermann« ist in seinem Beruf infolge Zeitdrucks und Hetze vermehrtem ungünstigem Streß ausgesetzt, wenig körperlich aktiv, dadurch übergewichtig, und weil er zu üppig ißt, kommt es zu erhöhten Harnsäurewerten im Blut, außerdem wird die Neigung zur Blutzuckerkrankheit gefördert. In einem solchen Falle darf man sich nicht wundern, daß im Laufe der Zeit Herz-Kreislauf-Erkrankungen auftreten, wobei das Grundprinzip aller Risikofaktoren das gleiche ist: Sie führen zu einer vermehrten Gefäßsklerose (d.h. Gefäßverkalkung und -einengung).

Wegen der großen Bedeutung der Fettstoffwechselstörungen als Risikofaktor für arteriosklerotische Gefäßerkrankungen, insbesondere der Koronargefäße, sei hier ergänzend auf die Substanzen »Cholesterin« und »Triglyzeride« eingegangen, die die Hauptrolle im Bereich der Fettstoffwechselstörungen spielen. Das Cholesterin ist ein wichtiger Baustein für jede Körperzelle und stellt darüber hinaus die Ausgangssubstanz für viele körpereigene Stoffe dar (z.B. Gallensäure, Sexualhormone). Der Körper nimmt einen Teil des benötigten Cholesterins aus der Nahrung auf, einen zweiten Teil stellt er selbst her (dies ist auch der Grund, warum eine verminderte Cholesterinzufuhr mit der Nahrung nicht immer den erwünschten cholesterinspiegelsenkenden Effekt bringt). Wie alle Lipide (Fette) ist Cholesterin im wäßrigen Blutplasma nicht löslich und muß deshalb mit speziellen Transportsubstanzen, den Lipoproteinen, gekoppelt werden. Das »gute« Lipoprotein (HDL) transportiert überschüssiges Cholesterin aus den Zellen zur Leber, wo es abgebaut wird. Das LDL wird als »schlechtes« Cholesterin bezeichnet, weil sich überschüssiges LDL-Cholesterin in den Gefäßwänden ablagert und damit die Gefahr der Arteriosklerose steigt. Das Fazit: Je höher das sogenannte HDL-Cholesterin im Blut ist, um so mehr Schutz hat der Mensch vor einer Arteriosklerose, und je höher das LDL-Cholesterin ist, um so schneller schreitet eine Arteriosklerose fort.

Beim erwachsenen Menschen soll das HDL-Cholesterin mindestens 35 mg/dl betragen, das LDL-Cholesterin höchstens 150 mg/dl und das Gesamtcholesterin höchstens 200 bis 220 mg/dl. Triglyzeride sollten 200 mg/dl nicht überschreiten.

Triglyzeride werden auch Neutralfette genannt und sind in tierischen und pflanzlichen Nahrungsmitteln enthalten. Überschüssige Energie, z.B. aus Zucker und Alkohol, wird im Körper in Neutralfette umgewandelt und als Depotfett gespeichert und führt darüber hinaus ebenfalls zu einer beschleunigten Arteriosklerose.

17 Wie groß ist die Gefahr, zusätzlich an Diabetes zu erkranken?

Die Bluthochdruckkrankheit und die Blutzuckerkrankheit haben beide gemeinsam, daß sie in ihren leichteren Formen dem Patienten keine subjektiven Beschwerden machen; ganz im Gegenteil, solche Patienten fühlen sich subjektiv meist ausgesprochen wohl. Die Krankheitseinsicht ist dadurch besonders erschwert. Eine Reihe von medizinischen Wissenschaftlern haben versucht herauszufinden, ob zwischen Bluthochdruck und Diabetes ein Zusammenhang besteht und ob sich beide Erkrankungen gegenseitig ungünstig beeinflussen können. Die wissenschaftlichen Untersuchungen zeigten, daß jeder zweite an Diabetes erkrankte Patient im Laufe der Zeit auch einen Bluthochdruck entwickelt, umgekehrt nur jeder 12. bis 15. Patient mit Bluthochdruck im Laufe der Zeit auch an Diabetes erkrankt. Dennoch findet sich die Blutzuckererkrankung bei Hochdruckpatienten zwei- bis dreimal häufiger als bei der Durchschnittsbevölkerung.

Patienten mit Bluthochdruck sollten daher von ihrem Hausarzt häufiger, am besten einmal pro Jahr, vorsorglich eine Blutzuckerkontrolle durchführen lassen, was mittels laborchemischer Untersuchungen des Blutes leicht möglich ist.

Sowohl der Bluthochdruck als auch die Blutzuckerkrankheit stellen, wie wir bereits wissen, Risikofaktoren für das Herz-Kreislauf-System dar. Wenn diese beiden Risikofaktoren gleichzeitig vorkommen, so ist das Gesamtrisiko einer gefährlichen Herz-Kreislauf-Komplikation deutlich höher, als wenn nur einer dieser beiden Risikofaktoren vorliegt. Bei gleichzeitigem Bestehen dieser beiden Risikofaktoren müssen beide gleichermaßen so konsequent wie möglich behandelt werden.

18 Was versteht man unter einem »metabolischen Syndrom«?

Bei der essentiellen Hypertonie finden sich außer dem erhöhten Blutdruck häufig noch weitere Risikofaktoren für Herz-Kreislauf-Erkrankungen, vor allem Stoffwechselstörungen des Fett- und des Zuckerstoffwechsels. Schon vor über 25 Jahren haben Ärzte dieses Gefüge aus den eben genannten Risikofaktoren als »Wohlstandssyndrom« beschrieben, zumal eine beschleunigte Arteriosklerose der Gefäßwände mit daraus resultierenden schweren Folgeerkrankungen bei diesen Patienten beobachtet wurde. Wissenschaftliche Untersuchungen der letzten 10 Jahre haben einige Zusammenhänge zwischen den eben genannten Risikofaktoren aufgedeckt und dazu geführt, daß der Begriff »Wohlstandssyndrom« durch

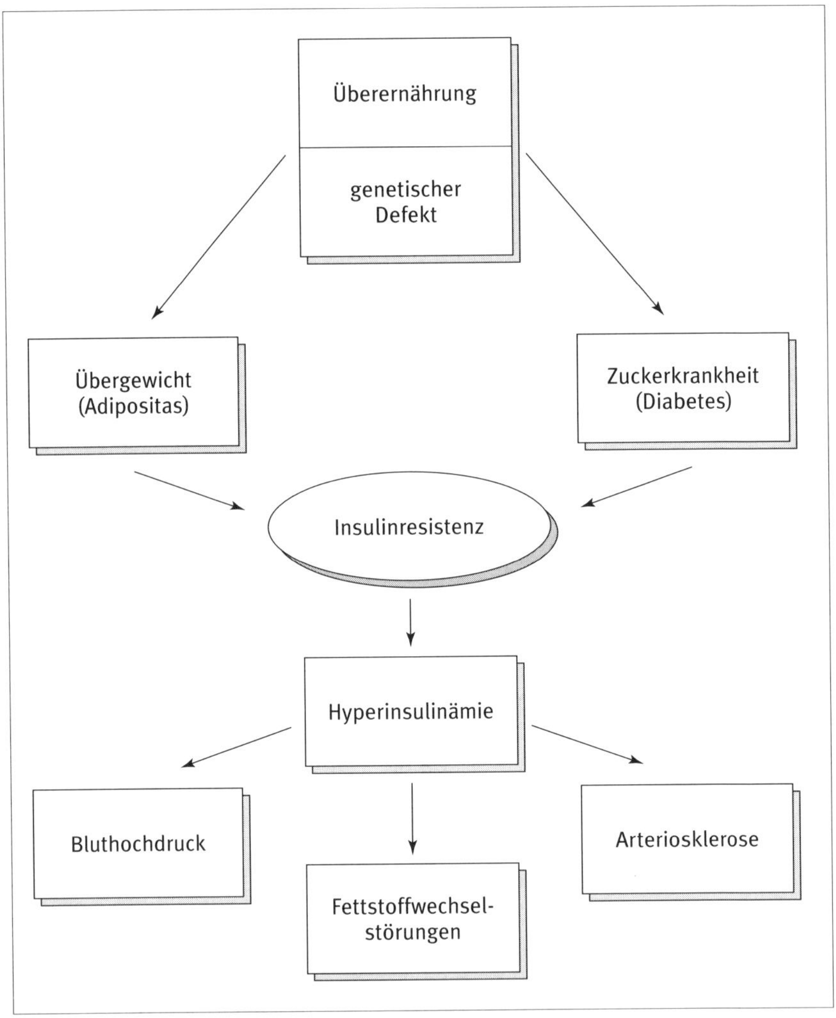

Beim »metabolischen Syndrom« spielen verschiedene Risikofaktoren für Herz-Kreislauf-Erkrankungen zusammen.

einen wissenschaftlich fundierten Begriff ersetzt wurde: »metabolisches Syndrom«, im Amerikanischen häufig auch »Syndrom-X«. Das wichtigste Ergebnis der Untersuchungen der letzten Jahre zu diesem Syndrom ist die verminderte Wirksamkeit des Insulins (Insulinresistenz) bei der Zuckeraufnahme durch Muskel und Leber. Als Folge findet sich ein erhöhter Blutzuckerspiegel, und es kommt kompensatorisch zu einer gesteigerten Ausschüttung (Sekretion) des Insulins (Hyperinsulinismus) aus der Bauchspeicheldrüse.

Die Folgen des erhöhten Insulinspiegels im Blut sind jedoch nicht gutartig, sondern führen – besonders bei Vorliegen der anfangs genannten Risikofaktoren – auf vielfältige Weise zur weiteren Blutdruckerhöhung, zur Blutzuckererkrankung (Diabetes) und zur schon erwähnten allgemeinen beschleunigten Arteriosklerose der Gefäße. Wir wissen heute weiter, daß ein erhöhter Insulinspiegel (Hyperinsulinämie) bei einer Reihe von Menschen mit normalen Blutdrucken zu erhöhten Blutdruckwerten führen kann. Weiter wissen wir aufgrund neuerer wissenschaftlicher Untersuchungsergebnisse, daß besonders Menschen am metabolischen Syndrom erkranken, in deren Familien (Eltern, Geschwister, Großeltern, Onkel, Tanten) bereits ein nicht-insulinpflichtiger Diabetes mellitus (Blutzuckerkrankheit) oder ein Herzinfarkt beobachtet wurde.

Die Diagnose »metabolisches Syndrom« kann heute leicht über entsprechende laborchemische Blutuntersuchungen einschließlich eines Blutzuckerbelastungstests (oraler Glukosetoleranz-Test) mit hoher Trefferwahrscheinlichkeit gestellt werden.

Andererseits kennen wir die Mechanismen bzw. die Faktoren, die bei erhöhten Insulinspiegeln im Blut zu erhöhten Blutdruckwerten bzw. deren Verschlechterung führen, noch nicht in allen Einzelheiten.

19 Welche Lebensaussichten habe ich als Hochdruckpatient?

In mehreren Antworten zu verschiedenen Fragen (u.a. Frage Nr. 15, 16, 33, 37) wird darauf hingewiesen, daß der Bluthochdruck eine lebenslange Erkrankung darstellt und in Abhängigkeit von seiner Schwere die durchschnittliche statistische Lebensdauer verkürzen kann. Es kann dennoch sein, daß manche Hypertoniker ein hohes Lebensalter erreichen.

Gelingt es Ihnen, Ihren Bluthochdruck durch Änderung des Lebensstils und/oder mittels zusätzlicher blutdrucksenkender Medikamente zu bessern oder zu normalisieren, so lassen sich oftmals auch die Lebensqualität und die Lebenserwartung auf das gleiche Niveau bringen wie bei Blutdruck-Gesunden (Normotonikern).

Zahlreiche wissenschaftliche Untersuchungen der letzten Jahrzehnte zeigen eindeutig, daß das Leben von Hypertonikern durch Blutdrucknormalisierung deutlich verlängert wird, wobei dies auch für die leichteren Hypertonieformen gilt. Es hat sich ferner gezeigt, daß schwere gesundheitliche Gefährdungen, wie z.B. Schlaganfall, Herzinsuffizienz und Nierenleiden, sehr viel seltener und manchmal nicht häufiger als in der Normalbevölkerung auftreten. Aufgrund dieser positiven Beobachtungen sollte ein erhöhter Blutdruck so früh und so konsequent wie möglich behandelt werden. Der Erfolg eines solchen Vorgehens ist ein langfristiger: Er drückt sich in einer besseren Gesundheit und zusätzlichen Lebensjahren aus.

Eine frühzeitige und konsequent durchgeführte Behandlung des hohen Blutdrucks erhöht Lebensqualität und Lebenserwartung.

20 Was ist eine »leichte«, was eine »milde« Hypertonie?

Nach der Definition der WHO (Weltgesundheitsorganisation) spricht man bei diastolischen Blutdruckwerten von 90–104 mmHg von milder, bei Werten von 105–114 mmHg von mittelschwerer und bei Werten ab 115 mmHg von schwerer Hypertonie. Die milde Hypertonie umschließt in ihrem unteren Anteil die sogenannte Grenzwert- oder »Borderline«-Hypertonie mit diastolischen Werten von 90–94 mmHg.

Neben dieser in der medizinischen Fachwelt gebräuchlichsten Einteilung der verschiedenen Schweregrade des Bluthochdrucks existieren weitere Einteilungen, die sich jedoch weniger bewährt haben. Im folgenden soll daher nur die Einteilung des Bluthochdrucks nach WHO verwandt werden. Im deutschen Sprachgebrauch wird häufig der Begriff »leichter Bluthochdruck« verwandt, der mit dem Begriff »milder Bluthochdruck« nicht völlig identisch ist. Dennoch soll hier der Übersichtlichkeit halber der leichte Bluthochdruck dem milden Bluthochdruck gleichgesetzt werden; im weiteren Text wird deshalb nur vom »milden Bluthochdruck« die Rede sein.

Für die Einstufung des milden Bluthochdrucks sind neben den genannten Blutdruckwerten noch zwei wichtige Zusatzkriterien zu beachten:

1. Die genannten diastolischen Blutdruckwerte müssen innerhalb von vier Wochen bei mindestens zwei Messungen ermittelt werden.
2. Das Fehlen einer Muskelverdickung der linken Herzkammer bzw. von Schäden an den Herz-Kreislauf-Organen. Wenn bei Ihnen nur vorübergehend ein diastolischer Blutdruckwert von 90–104 mmHg, dann aber normale Werte unter 90 mmHg gemessen wurden, so gelten Sie als Normotoniker, d.h., Sie sind kein Bluthochdruckpatient. Weisen Sie dagegen mehrfach bestätigte Blutdruckwerte von 90–104 mmHg auf, bei zusätzlich bestehenden diagnostischen Kriterien einer Linksherzmuskelverdickung oder erhöhten Labor-Nierenwerten, so können Sie nicht mehr als milder Hypertoniker eingestuft werden.

Nach Empfehlungen der WHO sollte bei Werten von über 100 mmHg diastolisch mit der medikamentösen Behandlung begonnen werden. Bei Werten unter 100 mmHg reichen zunächst Allgemeinmaßnahmen aus (Ernährungsumstellung, Veränderungen der Lebensweise usw.). Gelingt es hiermit nach einer gewissen Beobachtungsphase noch nicht, den diastolischen Blutdruck auf Werte unter 95 mmHg zu senken, dann muß

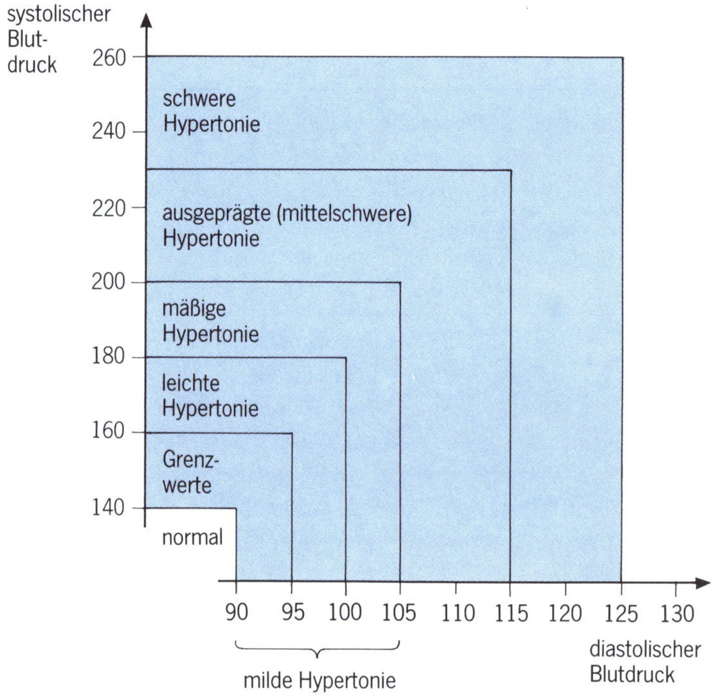

Schweregrade der Hypertonie.

auch hier eine medikamentöse Therapie begonnen werden, vor allem, wenn noch weitere Risikofaktoren vorliegen.

Bei einem milden Bluthochdruck sind konsequente Maßnahmen besonders aussichtsreich. Meistens bestehen noch keine deutlich erkennbaren Organschäden. Durch eine weitgehende Normalisierung des Blutdrucks können die verschiedenen gesundheitsgefährdenden Komplikationen in der Regel wirksam verhütet werden. Im allgemeinen müssen die erforderlichen Maßnahmen zur Senkung des milden Blutdrucks über längere Zeit erfolgen; gelegentlich gelingt es jedoch, die Werte auch ohne Medikamente im Normbereich zu stabilisieren.

Bei 70 % aller Patienten mit leichter Hypertonie reichen zur Blutdrucknormalisierung folgende Allgemeinmaßnahmen aus:

- Gewichtsreduzierung
- Kochsalzeinschränkung
- vermehrte körperliche Aktivität
- Alkoholreduzierung

Neue (vereinfachte) Klassifikation der Hypertonie von WHO und ISH, 1993

	systolischer Blutdruck		diastolischer Blutdruck
normaler Blutdruck	unter 140	und	unter 90
leichte Hypertonie	140–180	und/oder	90–105
mittelschwere–schwere Hypertonie	über 180	und/oder	über 105

21 Was versteht man unter einer »Grenzwert-Hypertonie«?

Eine Grenzwert-Hypertonie (im Englischen: »borderline hypertension«) liegt vor, wenn der Blutdruck bei mehreren Messungen zwischen 140 und 160 mmHg systolisch und/oder zwischen 90 und 95 mmHg diastolisch liegt. Man weiß heute, daß Menschen mit einer Grenzwert-Hypertonie häufiger als Normalpersonen (Menschen mit nicht erhöhtem Blutdruck) im späteren Leben einen dauerhaften Bluthochdruck entwickeln; jedoch kommt es andererseits bei einer Reihe von Patienten mit Grenzwert-Hypertonie erfreulicherweise auch zu einer Normalisierung der Blutdruckwerte. Besonders Patienten mit Grenzwert-Hypertonie, bei denen schon ein Elternteil oder andere Verwandte hohen Blutdruck haben bzw. hatten, sind gefährdet, über kurz oder lang an einem Dauer-Bluthochdruck zu erkranken. Patienten mit einer Grenzwert-Hypertonie sollten daher besonders darauf achten, andere Risikofaktoren für Herz-Kreislauf-Erkrankungen auszuschalten oder abzubauen.

Die Grenzwert-Hypertonie ist eine Erkrankung, die in allen Lebensaltern auftreten kann; die weit verbreitete Annahme, daß sie nur bei jüngeren Menschen vorkomme, trifft nicht zu. Die wichtigste »Maßnahme«, welche Sie durchführen können, ist, ein strenges Augenmerk auf Ihr Gewicht zu haben (ggf. dieses normalisieren) und eine kochsalzarme Kost einzuhalten.

22 Dürfen meine Blutdruckwerte tageszeitabhängig schwanken?

Der aktuelle momentane Blutdruckwert resultiert immer aus einer Summe von zahlreichen endogenen und exogenen Faktoren (endogene Faktoren sind innere, körpereigene Einflüsse, z.B. von Hormonen, dem vegetativen Nervensystem, dem Stoffwechsel, der Körperposition oder seelischen Faktoren, wie Angespanntheit, Gemütsverfassung; exogene Faktoren sind äußere Einflüsse, wie Streß, körperliche Aktivität, Witterung, Tageszeit). Diese endogenen und exogenen Faktoren stehen in einem ständigen Wechselspiel miteinander, sie beeinflussen sich gegenseitig und bestimmen den aktuellen Blutdruck.

Sie verstehen jetzt, daß schon geringe Veränderungen dieser endogenen oder exogenen Faktoren auch zu einer Änderung des Blutdrucks führen. Das heißt, Blutdruckschwankungen, auch kurzfristige, sind etwas ganz Normales. Allein schon z.B. während der Atmung kommt es zu Blutdruckschwankungen. So sinkt der Blutdruck während der Einatmung um 5–10 mmHg ab. Nun ist auch einleuchtend, daß bei mehrmaligen Messungen durch Ihren Arzt oder auch durch Sie selbst selten zweimal exakt die gleichen Werte ermittelt werden. Für eine Reihe von (Körper)Funktionen (z.B. Körpertemperatur, Herzfrequenz, verschiedene Hormone) sind tageszeitliche Veränderungen bekannt. Dies gilt auch und ganz besonders für den Blutdruck. Die tageszeitlichen Schwankungen bei einem entspannten Menschen (d.h. also unter Ausschluß der körperlichen Belastung und Gefühlserregung) betragen für den systolischen Druck über 20 mmHg, für den diastolischen Druck 10 mmHg. Diese Schwankungsbreite gilt für den gesunden normotonen Menschen. Als Hochdruckpatient weisen Sie meist stärkere tageszeitliche Schwankungen auf. Die niedrigsten Blutdruckwerte werden in den frühen Morgenstunden zwischen 3.00 und 6.00 Uhr, die höchsten nach dem Aufwachen, am Spätvormittag und am Spätnachmittag gefunden.

Da bei den meisten Menschen die Blutdruckwerte morgens am höchsten liegen, sollten blutdrucksenkende Medikamente auch morgens (vor oder zum Frühstück) eingenommen werden. Je nach Schwere des Bluthochdrucks müssen ggf. auch mittags und/oder abends erneut blutdrucksenkende Arzneimittel eingenommen werden.

23 Ist Bluthochdruck bei Kindern und Jugendlichen etwas Schlimmes?

Es gibt Langzeituntersuchungen, die darauf hinweisen, daß Kinder oder Jugendliche mit erhöhten Blutdruckwerten im Laufe des späteren Lebens einen schweren Bluthochdruck entwickeln und auch für andere Risikofaktoren gefährdeter sind. Andersherum ausgedrückt heißt dies, daß die Lebenserwartung eines Patienten mit nicht behandeltem Hochdruck um so stärker verkürzt wird, je jünger der Patient ist. Damit kommen der Früherkennung des Bluthochdrucks und der frühzeitigen Einleitung blutdrucksenkender Maßnahmen eine entscheidende Bedeutung zu. Es sollte daher z.B. bei jeder ärztlichen Untersuchung von Kindern, Jugendlichen und jungen Erwachsenen ebenfalls routinemäßig der Blutdruck gemessen werden.

In Abhängigkeit vom Alter sollten folgende Werte nicht überschritten werden:

4- bis 7jährige Kinder:	120/78 mmHg
8- bis 10jährige Kinder:	127/80 mmHg
11- bis 15jährige Kinder:	137/82 mmHg
ab 16 Jahre:	140/90 mmHg

Die Ursachen für erhöhte Blutdruckwerte bei Kindern und Jugendlichen sind die gleichen wie bei den Erwachsenen in allen Altersstufen: Meistens handelt es sich um eine essentielle Hypertonie, in einigen Fällen (häufiger als bei Erwachsenen) liegt jedoch ein sekundärer Bluthochdruck vor. Wie bei den älteren Patienten sollten auch bei den jüngeren zunächst allgemeine Maßnahmen zur Blutdrucksenkung angewandt werden (Gewichtsnormalisierung, Kochsalzeinschränkung); in vielen Fällen vermag schon eine Gewichtsabnahme den Blutdruck vollständig zu normalisieren. Sofern der Blutdruck dennoch erhöht und mit allgemeinen Maßnahmen allein nicht zu beeinflussen ist, kommen als medikamentöse Maßnahmen besonders Betablocker in Betracht.

Noch erwähnt werden muß an dieser Stelle, daß zu den Allgemeinmaßnahmen auch die Beseitigung bzw. Beeinflussung eventuell vorhandener anderer Risikofaktoren gehört, z.B. Zigarettenrauchen, Diabetes mellitus, Fettstoffwechselstörungen.

24 Sind jüngere Hochdruck-Patienten besonderen gesundheitlichen Risiken ausgesetzt?

Eine Reihe von Untersuchungen hat gezeigt, daß die Lebenserwartung bei nicht behandeltem Bluthochdruck um so geringer ist, je jünger der Patient ist. Der Früherkennung des Bluthochdrucks und frühzeitigen Einleitung entsprechender antihypertensiver Maßnahmen kommt deshalb eine besondere Bedeutung zu.

Kinder und Jugendliche haben weniger häufig einen Bluthochdruck als Erwachsene. Da der Bluthochdruck dennoch keine seltene Erkrankung bei Kindern und Jugendlichen ist, sind auch bei diesen regelmäßige Blutdruckmessungen (z.B. im Rahmen schulärztlicher Untersuchungen) erforderlich. Auch bei Jugendlichen und jüngeren Erwachsenen gilt als oberer Normwert in Ruhe ein Blutdruck bis 140/90 mmHg. Bei Kindern spricht man in Abhängigkeit von ihrem Alter auch schon bei niedrigeren Blutdruckwerten von einem zu hohen Blutdruck.

Bei jungen Patienten mit deutlich erhöhten Blutdruckwerten sollte besonders intensiv nach der Ursache gefahndet werden.

Häufiger als bei Erwachsenen finden sich hier sekundäre Hypertonieformen, d.h., es besteht eine organische Ursache (meist eine Nierengefäßerkrankung oder Nierenparenchymerkrankung). Bei einer Reihe dieser Patienten läßt sich die Ursache dann z.B. durch eine Operation beseitigen, so daß dieser Patient auch vom Bluthochdruck nicht weiter bedroht ist.

Ansonsten gelten für jüngere Patienten (besonders bei Vorliegen von primärem Bluthochdruck) die gleichen Empfehlungen hinsichtlich der Lebensweise und einer eventuellen medikamentösen Therapie wie für den Erwachsenen mit erhöhtem Blutdruck. Besonders hinsichtlich der Lebensweise sollten ältere Menschen (Eltern) dem jüngeren Hochdruckpatienten hilfreich zur Seite stehen, ihn zu einer gesünderen Lebensweise (falls erforderlich) motivieren und ggf. selbst als Vorbild mit gutem Beispiel vorangehen (auch für den Menschen mit nicht erhöhtem Blutdruck ist eine streßarme Lebensweise mit fett- und salzarmer Diät nicht von Nachteil).

25 Was versteht man unter »Altershochdruck«?

Mit zunehmendem Alter nimmt die Gefäßelastizität ab; dies gilt in besonderem Maße für die herznahen Gefäße. Durch den Verlust der Gefäßelastizität kommt es zu einem Anstieg des systolischen Blutdrucks, der diastolische Blutdruck bleibt in den meisten Fällen weitgehend unbeeinflußt bzw. wird dadurch nur wenig angehoben.

Auch der »Altershochdruck« bedarf in Abhängigkeit von der Höhe des systolischen Blutdruckes entsprechender therapeutischer Maßnahmen, d.h. sowohl Lebensstil beeinflussende Maßnahmen als auch blutdrucksenkende Medikamente (siehe Fragen 31, 32, 33) sind hier erforderlich. Überhaupt gelten blutdrucksenkende Maßnahmen weitgehend altersunabhängig.

Eine schwedische Untersuchung bei alten Patienten mit Bluthochdruck (STOP-Hypertension = Swedish Trial in Old Patients) hat deutlich gezeigt, daß auch die älteren unter den alten Menschen, nämlich die 70- bis 85jährigen, deutlich von einer blutdrucksenkenden Therapie profitieren – und zwar sowohl hinsichtlich ihrer blutdruckbedingten Krankheitshäufigkeit (Morbidität) als auch der kranheitsbedingten Sterblichkeit (Mortalität).

26 Welche Besonderheiten gelten für ältere Patienten mit Bluthochdruck?

Wir wissen heute, daß der Alterungsprozeß selbst keinen wesentlichen blutdrucksteigenden Effekt hat. Blutdruckmessungen bei Personen im Alter von 100 und mehr Jahren haben durchschnittliche Werte von 140/90 mmHg ergeben; d.h., die frühere Annahme, die höheren Blutdruckwerte seien für ein langes Leben erforderlich, hat sich nicht als richtig erwiesen. Aufgrund der in den letzten Jahrzehnten deutlich gewachsenen Lebenserwartung ist auch der Prozentsatz der Hochdruckpatienten jenseits des 65. Lebensjahres angestiegen; hinzu kommt, daß sich eine Hypertonie auch des öfteren erst im höheren Lebensalter einstellt.

Aufgrund einer europäischen Gemeinschaftsuntersuchung wissen wir, daß ältere Patienten mit erhöhten Blutdruckwerten und fehlenden therapeutischen Maßnahmen mit größerer Häufigkeit schwere Erkrankungen des Herzens, des Gehirns und der Nieren erleiden als Patienten mit normalen Blutdruckwerten.

Auch ältere Patienten mit Bluthochdruck sollten zunächst mittels Allgemeinmaßnahmen (Gewichtsnormalisierung, Kochsalzeinschränkung, Beseitigung von weiteren Risikofaktoren) behandelt werden. Reichen diese Maßnahmen nicht aus oder fehlt die entsprechende Bereitschaft beim Patienten, dann sollte eine medikamentöse Blutdrucksenkung eingeleitet werden. Hierbei sollte die Blutdrucksenkung langsam und behutsam erfolgen, da ältere Menschen sensibler auf Blutdruckschwankungen bzw. niedrigere Blutdruckwerte reagieren. In der Regel kann somit zunächst mit einer geringeren Medikamentendosis therapiert werden. Dies sollte auch deshalb angestrebt werden, weil ältere Menschen auch sensibler auf medikamentöse Nebenwirkungen reagieren. Ferner ist bei der medikamentösen Blutdrucksenkung darauf zu achten, daß es bei starker und abrupter Blutdrucksenkung auch zu einer Verminderung der Hirndurchblutung kommen kann; dies ist jedoch nicht die Regel, da die Gehirngefäße eine Autoregulation haben, d.h. sich selbst schnell an die neuen Blutdruckverhältnisse anpassen können.

Natürlich sollte sich der ältere Hochdruckpatient genauso um eine vernünftige Lebensweise bemühen, wie es für den Patienten mit hohem Blutdruck generell empfohlen wird.

27 Welche Untersuchungen kommen zur Abklärung eines Bluthochdrucks in Frage?

Jeder Arzt, der sich um einen Bluthochdruckkranken bemüht, muß sich ein Urteil über Art, Schwere, mögliche Ursachen und etwaige Komplikationen der Bluthochdruckerkrankung verschaffen. Auf die wichtigen Blutdruckmessungen durch Sie selbst oder ein ambulantes 24stündiges Blutdruckmonitoring wird an mehreren Stellen ausführlich eingegangen (siehe auch Sachwortverzeichnis). Auch der Arzt wird es sich nicht nehmen lassen, immer wieder selbst Ihren Blutdruck zu messen, wenn Sie in seine Sprechstunde kommen.

Ein weiteres Augenmerk wird der Arzt auf die Untersuchung des Herzens und der Nieren richten. Dies macht nicht selten ein Elektrokardiogramm (EKG) und auch eine Röntgenuntersuchung der Brustorgane erforderlich. Wegen einer möglichen Nierenbeteiligung wird im Blut nach sogenannten Stoffwechselschlacken (Kreatinin und Harnstoff) gefahndet, deren Werte bei Nierenerkrankungen erhöht sind; zusätzlich wird der Urin auf Eiweiß, Blut, Zucker und Sedimentbestandteile untersucht.

Zur weiteren Beurteilung der Niere kann manchmal eine Ultraschalluntersuchung des Oberbauches mit besonderer Darstellung der Nieren sinnvoll sein. Dabei lassen sich dann auch ggf. seltene Tumoren in der Nähe der Nieren erkennen bzw. ausschließen, die gelegentlich einen Bluthochdruck verursachen können. Wichtig ist außerdem die Untersuchung der Mineralien bzw. Elektrolyte im Blut. Ergeben sich Verdachtsmomente für eine Nierenbeteiligung, so werden häufig weitere Röntgenuntersuchungen der Nieren (Urogramm) oder speziell der Nierengefäße (Angiographie) angeschlossen. Häufig hält Ihr Arzt auch eine Untersuchung des Augenhintergrundes mit einem speziellen Augenspiegel für erforderlich, welche er selbst durchführt oder durch einen Augenarzt durchführen läßt; nur auf diese Weise kann manchmal die Frage beantwortet werden, ob eine schwere bzw. bösartige Hypertonie besteht. Wenn der Arzt eine hormonelle Störung als Ursache für Ihren Bluthochdruck vermutet (siehe Antwort zur Frage 7), so wird ergänzend der Gehalt an Hormonen im Blut oder meist im über 24 Stunden vollständig gesammelten Urin bestimmt. Gelegentlich hält er auch andere, im allgemeinen jedoch seltene, ergänzende Untersuchungsverfahren für erforderlich, auf die hier jedoch aus Platzgründen nicht näher eingegangen werden kann.

Die meisten diagnostischen Verfahren sind für Sie als betroffenen Patienten mit keinen oder nur geringen subjektiven Unannehmlichkeiten verbunden. Sie sind auch im allgemeinen nicht oder nur wenig gefährlich, d.h. sie bergen kein besonderes Risiko.

Allerdings können im Einzelfall von Ihrem Arzt diagnostische Untersuchungen für erforderlich gehalten werden, welche vorübergehend Schmerzen bereiten oder aber ein gewisses Risiko mit sich bringen; Sie sollten jedoch als Patient stets daran denken, daß diese ja dazu dienen, Ihrem Arzt ein vollständiges Bild über das Ausmaß der Blutdruckerkrankung zu vermitteln, damit dieser Sie anschließend bestmöglich behandeln kann. Auch der Arzt will nur Ihr Bestes, er will Ihnen helfen, daß die Hypertonie möglichst wenig ungünstige Auswirkungen auf Ihr Leben nimmt.

28 Was kann der Arzt gegen meinen Bluthochdruck tun?

Eine besondere Aufgabe Ihres Arztes besteht zunächst einmal darin, Sie über den Bluthochdruck und die daraus resultierenden Gefährdungen und Krankheiten aufzuklären. Dies kann im Rahmen eines persönlichen ärztlichen Gespräches geschehen und/oder durch Empfehlung verständlicher Literatur über dieses Thema. Wir Ärzte wissen heute, daß man um so erfolgreicher mit Patienten zusammenarbeiten kann, je aufgeklärter diese sind und je mehr Kenntnisse diese über ihre Krankheit haben. Bei Hochdruckkranken ist seitens des Arztes besonders viel Geduld bei der Aufklärung erforderlich, da ja die meisten (wie wir bereits aus vorangegangenen Antworten wissen) keine subjektiven Mißempfindungen haben.

Menschen mit Bluthochdruck wollen oft nicht einsehen, daß sie ernsthaft erkrankt sind und behandelt werden müssen, weil die Hypertonie keine Beschwerden verursacht.

Ihre Mitarbeit ist jedoch entscheidend für den Erfolg. Das erste also, was Ihr Arzt für Sie tun kann, ist, Ihnen zu ausreichenden verständlichen Informationen zu verhelfen. Nur wenn es dem Arzt gelingt, beim Hochdruckpatienten Verständnis für seine Erkrankung zu erwecken, kann dieser die Notwendigkeit einer Behandlung einsehen und ist darüber hinaus am ehesten bereit, selbst mitzuarbeiten.

Wie Sie bereits wissen, ist die Bluthochdruckbehandlung in den meisten Fällen eine Dauerbehandlung, d.h., Sie müssen sich das ganze Leben lang darauf einstellen. Ihr Arzt wird daher im Laufe dieser Behandlung immer wieder auf Ihre Lebensweise zu sprechen kommen. So wird er z.B. mit Ihnen ebenso über vernünftige Eßgewohnheiten sprechen wie auch über Arbeit und Beruf, Freizeit, Urlaub und Reisen; Fragen aus dem Bereich der sportlichen Betätigung müssen ebenfalls geklärt werden. Auf viele Ihren Alltag betreffende Themen wird in diesem Büchlein noch näher eingegangen. Ihr Arzt wird Sie also hinsichtlich einer an Ihren Bluthochdruck günstig angepaßten Lebensweise führen und Sie motivieren, an seinen Empfehlungen festzuhalten.

Wenn sich die Blutdruckwerte trotz Ihrer Bemühungen um eine gesunde Lebensweise nicht in den Normbereich senken lassen, so wird eine weitere Aufgabe Ihres Arztes sein, für Sie einen speziellen medikamentösen

Langzeitbehandlungsplan zu erarbeiten. In den meisten Fällen einer primären (essentiellen) Hypertonie können erhöhte Druckwerte normalisiert oder wenigstens aus dem Gefahrenbereich gesenkt werden.

29 Wie oft muß ich zum Arzt? Welcher Arzt ist der richtige?

Die Häufigkeit Ihrer ärztlichen Besuche hängt von zahlreichen individuellen Faktoren ab. Gelingt es Ihnen und Ihrem Arzt, Ihre Blutdruckwerte im Normbereich zu stabilisieren, so können 1–2 ärztliche Kontrollen im Jahr ausreichend sein. Zeigt Ihr Blutdruck dagegen deutliche Schwankungen, die sich trotz intensiver Bemühungen nicht stabilisieren lassen, so sind häufigere, unter Umständen wöchentliche Konsultationen bei Ihrem Arzt erforderlich, um ein Optimum in der Blutdruckbehandlung zu erzielen. Manchmal muß Ihr behandelnder Arzt Sie auch in ein Krankenhaus oder eine Fachklinik einweisen, damit unter stationären Bedingungen, d.h. unter fortlaufender medizinischer Beobachtung, eine bessere Blutdruckeinstellung erzielt werden kann.

Im allgemeinen können Sie die Hochdruckbehandlung mit Ihrem Hausarzt gemeinsam angehen, zumal wenn (noch) keine schweren Folgeerkrankungen bestehen. Ihr Hausarzt kennt in der Regel Ihre persönlichen Verhältnisse und Ihre persönliche Umgebung und kann Sie somit am besten hinsichtlich einer dem Bluthochdruck angepaßten Lebensweise beraten. Manchmal wird jedoch Ihr Hausarzt feststellen müssen, daß er nicht alle diagnostischen Möglichkeiten zur Verfügung hat, um Ursache und Auswirkungen Ihres Bluthochdruckes selbst ermitteln zu können; in diesem Fall ist es notwendig, Sie an einen Spezialisten zu überweisen oder aber auch in ein Krankenhaus. Treten in der Langzeitbetreuung bei Ihnen vermehrt gesundheitliche Gefährdungen und Probleme auf, so ist es eventuell zweckmäßig, die Behandlung durch einen Spezialisten oder durch die Bluthochdruck-Ambulanz einer größeren Klinik durchführen zu lassen. Dies stellt Ihren Hausarzt keineswegs in ein schlechtes Licht: Ihr Hausarzt kann nicht Spezialist für alle denkbaren Erkrankungen sein. Ebenso wie Sie mit Ihrer Hochdruckerkrankung muß er Patienten mit verschiedenen anderen Erkrankungen behandeln. Es spricht ganz besonders für Ihren Hausarzt, wenn er seine Grenzen kennt und dann die Weiterbehandlung dem Spezialisten überläßt.

30 Was sind »Antihypertensiva«?

Mit diesem Wort werden Medikamente bezeichnet, die in der Lage sind, erhöhte Blutdruckwerte zu senken.

31 Welche Medikamente muß ich einnehmen?

Das Ziel der Hochdruckbehandlung ist die Senkung des Blutdrucks in den Normbereich. Hierzu steht heute eine große Zahl von Arzneimitteln zur Verfügung. Nicht jeder Mensch spricht jedoch gleich gut auf ein bestimmtes blutdrucksenkendes Medikament an. Der Arzt muß oftmals mehrere Medikamente »ausprobieren«, um das für Sie geeignetste herauszufinden. Bei der medikamentösen Blutdrucksenkung ist der Arzt aber nicht nur darauf bedacht, den Blutdruck in den Normbereich zu senken; er achtet darüber hinaus vor allem darauf, daß dies möglichst ohne oder mit möglichst geringen Nebenwirkungen des Medikamentes geschieht. Ebenso wie ein und dasselbe Medikament den Blutdruck bei verschiedenen Menschen unterschiedlich stark senken kann, kann das gleiche Medikament bei verschiedenen Menschen auch zu unterschiedlichen unerwünschten Begleiterscheinungen führen. Die meisten der modernen blutdrucksenkenden Medikamente sind relativ nebenwirkungsarm bzw. verursachen keine subjektiven Mißempfindungen. Dennoch sollten Sie in engem Kontakt mit Ihrem Hausarzt die medikamentöse Behandlung besprechen und ihn vor allem auf eventuelle ungewohnte Beobachtungen bei Ihnen hinweisen; auf keinen Fall sollten Sie die Therapie eigenmächtig beenden. Ihr Hausarzt muß entscheiden, wie der medikamentöse Behandlungsplan geändert werden kann.

Bei einer Reihe von Patienten mit Bluthochdruck, bei denen es nur mit relativ hohen Dosen eines blutdrucksenkenden Medikamentes möglich ist, den gewünschten Erfolg zu erreichen bzw. bei denen eine Normalisierung der Blutdruckwerte auch dann noch nicht gelingt, wird der behandelnde Arzt einen anderen therapeutischen »Schachzug« versuchen. Er wird Ihnen in einem solchen Fall lieber mehrere blutdrucksenkende Arzneimittel in niedrigerer Dosis geben, in der Hoffnung, daß sich diese Medikamente in ihrer Wirkung gegenseitig verstärken und sich der Blutdruck auf diese Weise in den Normbereich senken läßt. Erfahrungsgemäß sind Medikamente in niedriger Dosierung nebenwirkungsärmer (auch wenn mehrere Medikamente, niedrig dosiert, aufeinandertreffen), wohingegen Medikamente in hoher Dosierung eher unangenehme Nebenwirkungen hervorrufen können.

Die medikamentöse Kombinationstherapie zeigt also zwei entscheidende Vorteile: Zum einen gelingt es oftmals, durch die verschiedenen »Angriffspunkte« der Medikamente sicherer zum Ziel »Blutdrucknormalisierung« zu kommen, ohne daß andererseits infolge hoher Arzneimitteldosen allzu unangenehme Nebenwirkungen zu erwarten sind.

Bei einer Kombinationstherapie besteht die Möglichkeit, die verschiedenen Wirkstoffe getrennt bzw. einzeln zu verabreichen; in vielen Fällen werden heute aber auch die zahlreichen im Handel erhältlichen »Kombinationspräparate« eingesetzt. In diesen Präparaten sind die einzelnen Arzneistoffe in zweckmäßiger Dosierung zu einer Tablette oder Kapsel oder einem Dragée vereint. Oftmals kann hierdurch die Zahl der täglich einzunehmenden Medikamente für die Patienten beträchtlich verringert, d.h. die »Einnahmetreue« verbessert werden.

32 Wie wirken die verschiedenen blutdrucksenkenden Medikamente?

Es würde zu weit gehen und den Rahmen dieses Büchleins sprengen, auf die Wirkung der zahlreichen, heute auf dem Markt befindlichen blutdrucksenkenden Arzneimittel im einzelnen einzugehen. Nachfolgend soll kurz für einige wichtige Medikamentengruppen das jeweilige Wirkungsprinzip aufgezeigt werden.

Betablocker

Diese Medikamentengruppe bremst die Überaktivität des sympathischen Nervensystems und senkt die dadurch verursachten erhöhten Blutdruckwerte sowie auch die meist gleichzeitig erhöhte Herzfrequenz. Betablocker sind subjektiv gut verträglich; dennoch gibt es einige Erkrankungen oder Symptome, bei denen sie nicht angewandt werden sollen, sogenannte »Gegenanzeigen« oder »Kontraindikationen«, z.B. zu langsamer Pulsschlag, Bronchialasthma, Zuckerkrankheit, höhergradige Durchblutungsstörungen in Armen und Beinen. Die bis vor wenigen Jahren ebenfalls als Kontraindikation genannte Herzschwäche gilt heute nicht mehr; allerdings sollen Betablocker bei gleichzeitig bestehender Herzschwäche sehr niedrig dosiert mit sehr langsamer Dosisanpassung eingesetzt werden. Neuere, sogenannte selektive Betablocker können unter Umständen auch bei leichteren Formen der eben genannten Erkrankungen meist ohne Gefahr eingesetzt werden.

Calcium-Antagonisten

Arzneimittel aus dieser Gruppe führen zu einer Erweiterung der arteriellen Blutgefäße infolge einer Erschlaffung der Gefäßwandmuskulatur. Auch diese Medikamente sind im allgemeinen gut verträglich und nebenwirkungsarm. Es gibt nur wenige Gegenanzeigen, die wiederum von der Wahl des vorgesehenen Calcium-Antagonisten abhängen. Die bei vielen Bluthochdruckpatienten bestehende Verdickung des Herzmuskels (Myokardhypertrophie) wird durch Arzneimittel dieser Gruppe günstig beeinflußt, d.h. es kommt meist zu einem Stillstand der Herzmuskelverdickung oder sogar zu einer Rückbildung.

Auch bei den Calcium-Antagonisten wurden in den letzten Jahren selektive Medikamentenvertreter entwickelt. Besonders vielversprechend scheint eine neue eigene Gruppe selektiver Calcium-Antagonisten zu sein, die als Wirkprinzip eine sogenannte »T-Kanal-Blockade« bewirken. Diese Medikamentengruppe vermag mit ihrem Wirkungsprinzip die häufig bei Bluthochdruck und/oder Herzinsuffizienz bestehende Erhöhung der ungünstigen Streß- und Nierenhormone im Blut zu verhindern.

Diuretika (Sali-Diuretika oder auch Salu-Diuretika)

Medikamente dieser Gruppe führen zu einer vermehrten Ausscheidung von Kochsalz und Wasser über die Nieren, wodurch es zu einer Blutdruckabsenkung kommt. Bevor es diese Medikamentengruppe gab, wurde der Bluthochdruck oftmals mit einer streng kochsalzarmen Kost behandelt, was zu einer ähnlichen blutdrucksenkenden Wirkung führte. (Einige Medikamente in dieser Gruppe haben als Nebenwirkung, daß sie zusätzlich die Ausscheidung von Kalium fördern, was seinerseits ungünstige Wirkungen nach sich ziehen kann, wie z.B. Herzrhythmusstörungen.) Ihr behandelnder Arzt kann jedoch in einem solchen Falle in der Regel auf spezielle Diuretika (Kombinationen) ausweichen, die bei gleich guter Kochsalz- und Wasserausscheidung Kalium einsparen.

Konversionsenzymhemmer (ACE-Hemmer)

Die blutdrucksenkende Wirkung geht vor allem (wie es der Name auch ausdrückt) auf die Hemmung des Konversionsenzyms zurück, welches bei der Bildung von für die Blutdruckregulierung wichtigen Hormonen eine entscheidende Rolle spielt. Diese Medikamentengruppe hat sich sowohl für leichtere als auch für schwerere Hypertonieformen allein oder in Kombination bewährt. Besonders bei gleichzeitig bestehender, durch den Bluthochdruck bedingter Herzmuskelverdickung (Hypertrophie) und/oder Herzmuskelschwäche (Herzinsuffizienz) haben ACE-Hemmer eine führende Stellung in der medikamentösen Therapie errungen. Vor allem bei einem frischen Herzinfarkt können diese Medikamente das Leben verlängern, wie neuere Studien gezeigt haben. Da diese Medikamentengruppe keinen nennenswerten Einfluß auf den Glukose-(Zucker-)stoffwechsel hat, kann sie gerade in der Behandlung von Bluthochdruckpatienten mit gleichzeitig bestehendem Diabetes mellitus verwendet werden; auch Bronchialasthma und Durchblutungsstörungen stellen keine Kontraindikation dar. Wie bei jedem Medikament gibt es auch bei den ACE-Hemmern einen geringen Prozentsatz von Patienten, die bei Einnahme dieser Medikamente Nebenwirkungen (z.B. trockener Hustenreiz) verspüren.

Angiotensin-Rezeptor-Antagonisten

Hier handelt es sich um eine relativ neue Medikamentengruppe. Die Medikamente wirken blutdrucksenkend, da sie gezielt die Wirkung des Blutdruckhormons Angiotensin am AT_1-Rezeptor hemmen. Der wichtigste Vorzug dieser Medikamentengruppe besteht in ihrer sehr niedrigen Nebenwirkungsrate. Da diese letztgenannte Medikamentengruppe den ACE-Hemmern nahesteht, wird sie heute noch nicht gerne mit ACE-Hemmern kombiniert; Kombinationen mit blutdrucksenkenden Medikamenten anderer Gruppen sind jedoch möglich. Alle Medikamente, die zur Gruppe der Angiotensin-Rezeptor-Antagonisten gehören, haben eine 24stündige Wirkdauer, so daß sie nur einmal am Tag (in der Regel morgens) eingenommen werden müssen.

Dies sind die z.Zt. wichtigsten Medikamentengruppen, die für die Blutdrucksenkung in Frage kommen. Wie bereits angedeutet, gibt es darüber hinaus jedoch zahlreiche weitere gut wirksame und nebenwirkungsarme blutdrucksenkende Arzneimittel, auf die hier im einzelnen nicht mehr eingegangen werden kann.

Gleichgültig, welche blutdrucksenkenden Medikamente Ihr behandelnder Arzt für Sie als geeignet ansieht, Sie sollten zum einen darauf vertrauen, daß er diese Medikamente kennt und diese wohlüberlegt einsetzt; zum anderen sollten Sie aber sehr sorgfältig die Gebrauchsinformation (Beipackzettel), d.h. die Medikamentenbeschreibung, lesen und eventuell sich daraus ergebende Fragen mit Ihrem Arzt anschließend besprechen.

Bei allen neueren blutdrucksenkenden Medikamenten (gleichgültig welcher Medikamentengruppe sie angehören) kann man davon ausgehen, daß diese auch bei einer Einnahme über einen längeren Zeitraum keinen wesentlichen Wirkverlust bzw. Gewöhnungseffekt aufweisen. Höhere Medikamentendosierungen werden allenfalls durch das trotz der blutdrucksenkenden Medikamente nicht immer aufzuhaltende Fortschreiten der Bluthochdruck-Erkrankung notwendig.

Nochmals muß darauf hingewiesen werden, daß Sie die blutdrucksenkenden Medikamente niemals selbst absetzen dürfen. Bei plötzlichem Absetzen von einigen Medikamenten kann es zu gefährlichen Nebenwirkungen durch einen sogenannten »Umkehrmechanismus« (Rebound-Phänomen) kommen. Treten unerwünschte Nebenwirkungen auf, so sollten Sie umgehend Ihren Arzt konsultieren.

33 Müssen blutdrucksenkende Medikamente regelmäßig eingenommen werden?

Nur durch eine gute Zusammenarbeit zwischen dem Hochdruckpatienten und seinem behandelnden Arzt kann das für den einzelnen günstigste medikamentöse Therapieschema gefunden werden. Es ist daher unbedingt notwendig, die Tabletten regelmäßig und in der vom Arzt verschriebenen Weise einzunehmen. Wird dies nicht beachtet, so ist es Ihrem behandelnden Arzt trotz größter Bemühungen nicht möglich, das wirklich beste, individuell auf Sie abgestimmte Therapieschema zu finden. Weiterhin führt die unregelmäßige Einnahme der Medikamente häufig zu erneutem Blutdruckanstieg, und Sie setzen sich wieder den gesundheitlichen Gefahren des hohen Blutdrucks aus, wobei dies bei manchen Patienten auch schon dann gilt, wenn sie die Einnahme »nur versehentlich« einen Tag unterbrechen. Viele Patienten machen den Fehler, daß sie aufgrund ihres subjektiven Wohlbefindens glauben, keine blutdrucksenkenden Medikamente mehr einnehmen zu müssen. Sie wissen aber bereits aus Antworten zu früheren Fragen, daß ein erhöhter Blutdruck sehr lange mit subjektivem Wohlbefinden einhergehen kann und Sie dennoch dabei gefährlichen Folgeerkrankungen riskieren.

Besonders wichtig ist es für Sie zu wissen, daß die verordneten blutdrucksenkenden Arzneimittel in der Regel erhöhte Blutdruckwerte senken, daß sie aber den Bluthochdruck als solchen nicht heilen können; d.h., Sie müssen eben diese Medikamente in der Regel »lebenslang« einnehmen.

Bei anderen Krankheiten können die Medikamente meist abgesetzt werden, wenn der Krankheitsprozeß beendet, der Patient geheilt oder wieder gesund ist. Hochdruckbehandlung dagegen bedeutet im allgemeinen lebenslange Behandlung. Der Körper lernt es offenbar nicht mehr, die einmal chronisch gewordene Blutdruckregulationsstörung zu korrigieren.

34 Wie weit soll der Blutdruck gesenkt werden?

Eine Blutdrucksenkung kann erst dann als befriedigend und erfolgreich angesehen werden, wenn sich die Blutdruckwerte im Normbereich stabilisieren. Sehr bewährt hat sich diese Blutdrucksenkung, vor allem wenn sie auf medikamentösem Wege erfolgt, schonend und schrittweise vorzunehmen, d.h. im Verlauf von Wochen statt innerhalb von Stunden oder Tagen. Der Organismus kann sich auf diese Weise langsam an den für ihn subjektiv oftmals als zu niedrig empfundenen Blutdruck gewöhnen.

Besonders bei älteren Hochdruckpatienten mit bereits deutlichen arteriosklerotischen Veränderungen der Blutgefäße sollte ein zu hoher Blutdruck langsam und behutsam gesenkt werden, damit es nicht – wie bei zu schneller Blutdrucksenkung möglich – zu Hirndurchblutungsstörungen mit Schwindel und Fallneigung oder zu einer ungünstigen Blutversorgung der Nieren kommt. Aber auch bei diesen älteren Menschen gilt letztlich, daß der Blutdruck dauerhaft in den für sie richtigen Normbereich gesenkt werden muß. Wir wissen heute aus Untersuchungen an besonders alten Menschen, daß der früher für notwendig erachtete erhöhte Blutdruck in Wahrheit selbst bei älteren Menschen nicht für eine ausreichende Blutzirkulation erforderlich ist; bei den bislang untersuchten Bürgern in der Bundesrepublik Deutschland, die 100 Jahre und älter geworden sind, lag im Mittel der Blutdruck nicht über 140/90 mmHg.

35 Welche Nebenwirkungen können bei der medikamentösen Therapie auftreten?

Eine der häufigsten Nebenwirkungen einer medikamentösen Blutdrucksenkung ist der meist in der Anfangsphase der Therapie subjektiv als zu niedrig empfundene Blutdruck, der sogenannte »Unterdruck« oder die »relative Hypotonie«. Was bedeutet das?

Man versteht darunter Mißempfindungen bei einem Patienten, der lange Zeit an hohe Werte, z.B. 180/100 mmHg, gewöhnt war und dessen Werte nun infolge der medikamentösen Blutdrucksenkung auf einen objektiv günstigeren Blutdruck von 140/90 mmHg sinken; dieser Blutdruck von 140/90 mmHg wird aber zunächst subjektiv als Unterdruck bzw. als zu niedriger Blutdruck empfunden, weil die blutdruckregulierenden Rezeptoren des Gehirns infolge viele Jahre bestehender erhöhter Blutdruckwerte falsch »geeicht« sind. Diese Rezeptoren benötigen einige Zeit (Wochen bis Monate), bis sie sich an den geringeren »Durchblutungsdruck« gewöhnt haben. Der Hochdruckpatient, der medikamentös behandelt wird, muß wissen, daß diese harmlosen Beschwerden in der Regel nur auf die ersten Behandlungswochen beschränkt sind. Er hat während dieser Zeit alle die Beschwerden, über die Patienten mit einem stets zu niedrigen Blutdruck klagen: Er ist matt, schlapp, schwunglos, vergeßlich, schwindlig und leicht ermüdbar. Da alle diese Beschwerden vor der medikamentösen Therapie des Hochdruckes nicht bestanden, ist es verständlich, daß leider viele Patienten daraufhin weniger Tabletten einnehmen möchten als verordnet oder sogar völlig aufhören, ihre Tabletten einzunehmen. Dies kann aber eine gefährliche Kurzschlußhandlung sein, vor der hier ganz besonders gewarnt werden muß. Sie sollten sich in einem solchen Falle mit Ihrem Arzt besprechen und dann gemeinsam überlegen, was ggf. in welcher Weise verändert werden soll.

Wie schon bei der Antwort auf Frage 32 zur Wirkungsweise der blutdrucksenkenden Medikamente dargelegt, haben die meisten der heute verwendeten Medikamente relativ wenig stärkere Nebenwirkungen. Dennoch müssen Sie wissen, daß letztlich jedes gut wirksame Blutdruckmedikament auch geringe Nebenwirkungen aufweist. Ein Medikament, das keine Nebenwirkungen hat, hat auch keine Hauptwirkung. Erfreulicherweise treten diese Nebenwirkungen jedoch bei vielen Patienten nicht auf oder sind so geringfügig, daß sie nicht als unangenehm empfunden werden.

Zusammenfassend soll hier noch einmal festgehalten werden, daß Sie bei Auftreten von Nebenwirkungen, insbesondere bei subjektiv empfundenem zu niedrigem Blutdruck, nicht selbst dazu übergehen dürfen, die medikamentöse Therapie zu verändern oder sogar abzusetzen. Suchen Sie Ihren behandelnden Arzt auf und besprechen Sie alles mit ihm.

36 Ist bei Bluthochdruck eine Operation erforderlich?

Ungefähr 10 % der an Hochdruck Erkrankten weisen eine Grunderkrankung auf, in deren Folge es sekundär zu einem Bluthochdruck gekommen ist (sekundärer Bluthochdruck). Bei der Hälfte dieser Patienten kann eine Operation dieser Grundkrankheit auch eine Beseitigung des Bluthochdrucks nach sich ziehen. Es handelt sich hier um Patienten, die z.B. Einengungen der Nierengefäße haben oder aber andere schwere Nierenerkrankungen. Eine operative Beseitigung der Nierengefäßeinengung oder im anderen Falle die Entfernung der kranken Niere durch den Chirurgen führt oftmals zu einer deutlichen, manchmal augenblicklichen Besserung der Hochdruckkrankheit. Bei den Patienten, bei denen eine Operation nicht durchgeführt werden kann oder bei denen die Operation keine Blutdrucknormalisierung nach sich zieht, müssen die gleichen Maßnahmen diskutiert und erwogen werden wie bei Patienten mit primärem Bluthochdruck, d.h. eventuell auch eine medikamentöse Therapie.

37 Was kann ich als Hochdruckpatient selbst für meine Gesundheit tun?

Um es gleich vorwegzunehmen: Sie können als Patient mit erhöhtem Blutdruck Ihre Gesundheit ganz entscheidend selbst günstig beeinflussen; in der Regel sogar viel stärker, als Sie glauben, und in der Regel mehr, als alle Ärzte mit ihrem Können zusammen. Vielleicht müßte es hier auch strenger lauten: »Was der Patient mit Bluthochdruck tun muß.«

Es sollte eigentlich selbstverständlich sein, daß es hier um Ihre Gesundheit geht. Ihre Gesundheit bestimmt entscheidend die Qualität und die Dauer Ihres Lebens. Als Ärzte können wir Sie gründlich informieren und

Sie als Patienten verständnisvoll und geduldig betreuen, aber die Umsetzung dieser ärztlichen Empfehlungen und Bemühungen kann nur durch Sie selbst erfolgen. Sie müssen alles aus eigener Kraft Mögliche gegen Ihren Hochdruck und für Ihre Gesundheit tun. Viele Patienten mit Bluthochdruck haben bereits in vorbildlicher Weise gezeigt, daß dies nichts Unrealistisches ist und daß Sie dabei weder zum Gesundheitsapostel noch zum Spielverderber werden müssen.

Die Lebensweise, die Sie sich als Hochdruckpatient in Zukunft aneignen sollen, ist die beste, die es überhaupt gibt, und auch für jeden gesunden Menschen »gesund«. Wichtig ist, über Gesundheit nicht nur zu lesen und zu diskutieren, sondern diese zu praktizieren. Ein erster Schritt, als Patient mit Bluthochdruck Gesundheit zu praktizieren, ist das Akzeptieren Ihres Bluthochdrucks als chronische Krankheit; auf die damit verbundene Notwendigkeit der in der Regel lebenslangen Behandlung und Anpassung des Lebensstils wird in mehreren Antworten in diesem Buch hingewiesen. Wenn Sie Ihren Bluthochdruck aufgrund der eben erwähnten Einsicht akzeptieren (ebenso wie Sie vielleicht Ihre Brille oder Ihre Zahnprothese bereits akzeptiert haben), dann sind Sie schon auf dem besten Wege, ein gelassenes Verhältnis zu Ihrem Hochdruck zu gewinnen. Sie brauchen dann weder in unnötiger Angst und Sorge vor den Folgeerkrankungen und den Risiken des Bluthochdrucks zu leben, noch Ihre Erkrankung zu verdrängen.

Gesundheit praktizieren heißt weiter, Ihre Lebensweise dem Bluthochdruck anzupassen. Dies geht nur mit Selbstdisziplin. Hierzu gehört z.B. die genaue Einnahme der von Ihrem Arzt verschriebenen Medikamente. Genauso wichtig ist aber auch die richtige Ernährung. Weiterhin gehört hierzu die regelmäßige und wohldosierte Bewegung. Aber auch Maßnahmen in Zusammenhang mit Arbeit und Beruf sowie Urlaub und Freizeit sind wesentlich. Zu allen diesen Bereichen finden Sie in verschiedenen Kapiteln Hinweise, ferner auch noch auf viele andere im Alltagsleben zu berücksichtigende Faktoren.

Gesundheit bewußt werden lassen und Gesundheit praktizieren sollte auch eine Überprüfung der für Sie wichtigen Lebensideale, Ziele, Vorstellungen und Wertmaßstäbe miteinbeziehen. Sie sollten sich kritisch fragen, ob die berufliche Betriebsamkeit und Hektik wirklich für Sie erforderlich und lebensnotwendig sind? Bringt der durch Mehrarbeit erzielte finanzielle Gewinn oder persönliche »Ruhm« wirklich ein Mehr an Lebensglück? Es ließen sich noch viele Fragen hierzu anführen. Wichtig ist aber, daß jeder individuell für sich ehrlich und kritisch sein Leben überdenkt. Beim Nachdenken werden Sie dann vielleicht feststellen, daß das Leben viel Schönes bereithält, was Ihnen bislang entgangen bzw. nicht bewußt geworden ist, sich aber mit relativ geringerem Aufwand erreichen läßt. Oftmals gelingt es Ihnen dann, ein gücklicheres und bewußteres Leben zu führen, indem Sie Abschied von früheren, Ihre Gesundheit eher belastenden Gewohnheiten nehmen. Ihre Gesundheit und Ihre nächsten Mitmenschen danken Ihnen dies.

38 Worauf muß ich bei der Ernährung achten?

Da dieses Buch kein Ernährungsratgeber ist, können im Rahmen der Bluthochdruckbekämpfung nur Grundzüge einer vernünftigen Ernährung und Gewichtsabnahme aufgezeigt werden. Ihre neue Diät soll sich vor allem konsequent auf zwei Punkte stützen:

1. Kalorienbewußt essen, so daß die medikamtentöse Blutdrucksenkung durch Gewichtsreduktion verstärkt wird.
2. Kochsalzarm essen, so daß die medikamentöse Blutdrucksenkung durch Kochsalzentzug verstärkt wird.

Fangen Sie also mit der richtigen Diät an! Das Geheimnis einer erfolgreichen Diät läßt sich bei Deutschlands größtem Dichter, J.W. Goethe, nachlesen, der auf seiner berühmten Italienreise 1786 nachfolgenden Satz

Goethe in „Wilhelm Meister"

schrieb (welcher später in seinem berühmten Werk »Wilhelm Meister« seinen Niederschlag fand): »Ich habe vom Sittlichen den Begriff einer Diät, die aber nur dadurch Diät ist, wenn ich sie zur Lebensregel mache, wenn ich sie das ganze Jahr nicht außer Augen lasse!«

Mit diesem Zitat ist alles Wesentliche gesagt, eine weitere Kommentierung ist nicht mehr erforderlich.

Sie können aus den obigen Ausführungen ersehen, daß das neue Eßverhalten in ein Gesamtkonzept eingefügt werden muß, daß es aber innerhalb dieses Konzeptes keine wirklichen Verbote gibt. Sie dürften durchaus also bei besonderen Gelegenheiten auch gut schmeckende oder lieb-

Gemüse ist gesund und schmackhaft. Versuchen Sie, mindestens drei Portionen Gemüse und Obst pro Tag zu verzehren.

gewonnene Dinge essen, wie z.B. die selbstgebackenen Weihnachtsplätzchen, beim Schützenfest auch einmal eine Schweinshaxe, bei Omas 80. Geburtstag zwei Stück Schwarzwälder Kirschtorte. Sie müssen nur dies in Ihrem Gesamtdiätplan bzw. in Ihrem Gesamtkalorienplan miteinberechnen und durch entsprechende andere Maßnahmen, wie z.B. Safttage, wieder ausgleichen.

39 Gibt es eine direkte Verknüpfung zwischen Bluthochdruck und Übergewicht?

Zahlreiche statistische Untersuchungen haben gezeigt, daß zwischen primärem Bluthochdruck und Übergewicht ein enger Zusammenhang besteht. Mit zunehmendem Körpergewicht steigt auch der Blutdruck! Über ein Drittel aller Menschen mit erhöhten Blutdruckwerten ist übergewichtig. Liegt das Übergewicht 30 % oder mehr oberhalb des Normalgewichts, so verkürzt sich die Lebenserwartung dieses Hypertonikers um etwa die Hälfte; ein Übergewicht von 20 % bedingt meist eine statistische Verkürzung der Lebenserwartung um ein Viertel bis ein Drittel. Bei Normalgewicht (= Körpergröße in Zentimeter minus 100) besteht keine Verkürzung der Lebenserwartung.

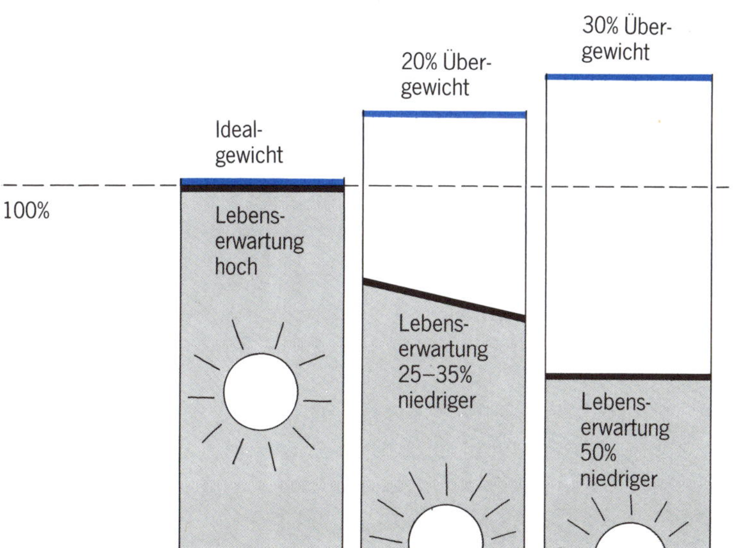

Der Zusammenhang zwischen Lebenserwartung und Körpergewicht.

40 Was ist das Normalgewicht?

Übergewicht ist ein besonders gefährlicher Risikofaktor, da hierduch nicht nur viele gesundheitliche Gefährdungen im Bereich des Herz-Kreislauf-Systems hervorgerufen werden können, sondern auch in anderen Organsystemen. An dieser Stelle sei nur darauf hingewiesen, daß infolge von Übergewicht die Lungenfunktion eingeschränkt, die Leber in der Ausübung ihrer Stoffwechselfunktion gestört sein kann, daß sich im Laufe von Jahren und Jahrzehnten beschleunigt Verschleißerscheinungen an allen Gelenken entwickeln können und vieles mehr.

Was ist nun Normalgewicht, und ab wann sind Sie übergewichtig? Als Faustregel für Ihr Normalgewicht gilt: Körpergröße (cm) minus 100 = Normalgewicht (kg). Eine 170 cm große Person darf somit 170 minus 100 = 70 kg als Normalgewicht aufweisen. Diese Formel gilt mehr oder weniger für Männer und Frauen gleichermaßen, wobei viele Ärzte und Wissenschaftler dafür plädieren, daß bei Frauen nochmals ca. 10% abgezogen werden, so daß eine 170 cm große Frau 70 kg minus 10% (= 7 kg) = 63 kg als Normalgewicht nicht überschreiten sollte.

Wenn Sie mehr als das Normalgewicht aufweisen (z.B. ein 170 cm großer Mann 80 kg wiegt), so sind Sie übergewichtig; in unserem Beispiel für den 170 cm großen Mann liegt dieses Übergewicht 10 kg über seinem Normalgewicht.

Manche Menschen mit Übergewicht fühlen sich nicht dick; vielmehr geben sie an, daß sie »kräftig gebaut« seien bzw. »einen schweren Knochenbau« haben. Wenn Sie aber bedenken, daß nur ein kleinerer Teil unseres Körpergewichts aus Knochensubstanz besteht, so kann ein schwerer Knochenbau (hinsichtlich des Knochenbaus gibt es tatsächlich individuelle Unterschiede) eine Entschuldigung für einige wenige Kilogramm sein, aber nicht für ein Übergewicht von 20, 30 oder gar noch mehr Kilogramm.

Oftmals wird die Frage nach dem Idealgewicht gestellt. Das Idealgewicht liegt bei Männern 10% und bei Frauen 15% unter dem Normalgewicht. Hier sind jedoch die Experten z.Zt. noch nicht einig, ob dieses Idealgewicht wirklich ein gesundheitlicher Gewinn ist. Ein gesundheitlicher Nachteil ist das Idealgewicht jedoch auf keinen Fall, d.h., wenn Sie unter Ihrem Normalgewicht liegen und sich bei diesem Gewicht wohlfühlen, so müssen Sie auf keinen Fall zunehmen! Andererseits reicht es im allgemeinen aus, wenn Sie Ihr Übergewicht bis zum Erreichen des Normalgewichts reduzieren.

Hinweis:
Wird einmal eine Operation erforderlich, so stellt die Fettleibigkeit immer ein erhöhtes Operationsrisiko dar.

41 Kann ich mein Normalgewicht selbst bestimmen?

Das ist leichter, als Sie denken! Wenn Sie sich selbst gegenüber ehrlich sind, brauchen Sie sich nur im Spiegel anzuschauen; Sie sehen mit einem Blick, ob Sie übergewichtig oder normalgewichtig sind.

Genauer ist es, wenn Sie Ihr Normalgewicht nach folgender Formel ausrechnen (Broca-Formel):

Normalgewicht in kg = Körpergröße in cm minus 100

Sind Sie z.B. 182 cm groß, so beträgt Ihr Normalgewicht:

182 minus 100 = 82 kg.

Wenn Ihr tatsächliches Gewicht höher ist, so haben Sie Übergewicht. Entspricht Ihr tatsächliches Gewicht Ihrem Normalgewicht oder liegt es sogar darunter, dann brauchen Sie sich hinsichtlich Ihres Gewichts keine weiteren Gedanken zu machen, außer, daß es nie zu einem Übergewicht kommen sollte.

Seit einigen Jahren wird das Körpergewicht immer häufiger mit dem »Body-Mass-Index« (BMI) bewertet. Dazu wird das Gewicht (in kg) durch das Quadrat der Körpergröße (in m) dividiert.

$$\text{BMI} = \frac{\text{kg}}{\text{m}^2}$$

Sind Sie z.B. 1,75 m groß und 80 kg schwer, so errechnet sich Ihr BMI wie folgt:

$$\frac{80\ \text{kg}}{(1{,}75\ \text{m})^2} = 26{,}12$$

Ein BMI zwischen 20 und 25 bedeutet Normalgewicht, als Übergewichtige betrachtet man Menschen mit einem BMI über 25. Deutliches Übergewicht liegt dann vor, wenn der BMI-Wert 30 überschreitet. Ihren BMI können Sie mit Hilfe eines sogenannten Nomogramms ablesen (siehe Abbildung S. 64).

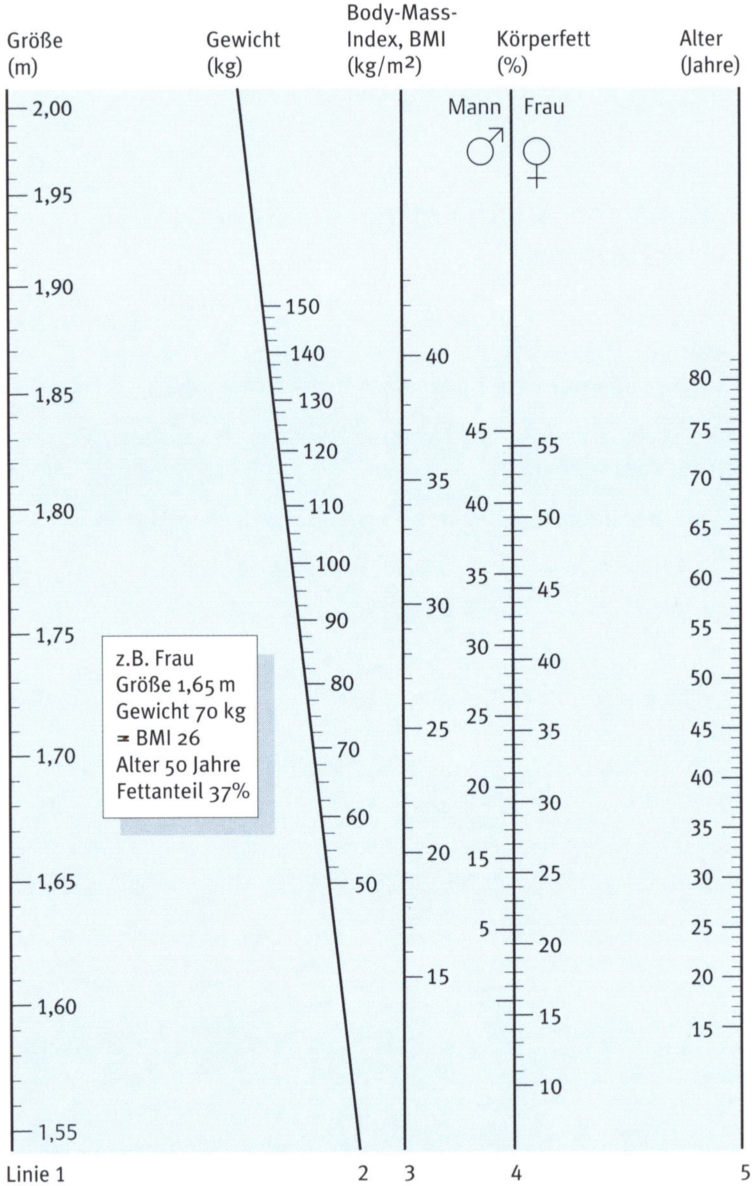

Nomogramm. Um Ihren BMI zu ermitteln, verbinden Sie bitte mit einem Lineal Ihre Größe (Linie 1) mit ihrem Gewicht (Linie 2). Am Schnittpunkt mit Linie 3 können Sie Ihren BMI ablesen. Wenn Sie zusätzlich Ihren Körperfettanteil abschätzen wollen, dann verbinden Sie Ihren BMI mit Ihrem Alter. Am Schnittpunkt mit Linie 4 erhalten Sie den ungefähren Körperfettanteil in Prozent (Geschlecht beachten!).

42 Läßt sich der Blutdruck alleine durch Abnehmen normalisieren?

Oft kann durch Reduzierung des Übergewichtes auf das Normalgewicht der Blutdruck deutlich gesenkt, manchmal auch normalisiert werden. Dies gilt jedoch keineswegs für alle Patienten mit erhöhtem Blutdruck. Wenn die Gewichtsabnahme nicht zu einer Blutdrucknormalisierung führt, so wird jedoch fast immer eine Minderung der erhöhten Blutdruckwerte beobachtet; die blutdrucksenkenden Medikamente können dadurch in der Regel niedriger dosiert werden.

Das heißt also für Sie, daß Sie infolge Gewichtsnormalisierung im günstigsten Falle wegen der gleichzeitigen Blutdrucknormalisierung keine zusätzlichen Medikamente benötigen. Erreichen Sie durch die Gewichtsnormalisierung keine Blutdrucknormalisierung, so kommen Sie dann aber infolge der verbesserten Blutdruckwerte mit weniger Medikamenten für die restliche, noch zu erzielende Blutdrucksenkung aus. Dies hat für Sie den großen Vorteil, daß medikamentös bedingte Nebenwirkungen in Grenzen gehalten werden können und Ihre Lebensqualität weniger beeinträchtigt ist.

Vor einem gedanklichen Irrtum muß an dieser Stelle gewarnt werden, daß nämlich bei den heute sehr guten blutdrucksenkenden Medikamenten eine Gewichtsreduzierung nicht mehr so wichtig sei. Es ist richtig, daß durch eine konsequente Medikamenteneinnahme der Blutdruck meistens auch bei Menschen mit Übergewicht normalisiert werden kann, dennoch steht die Normalisierung des Körpergewichts bei der Behandlung eines Bluthochdrucks mit an erster Stelle der therapeutischen Notwendigkeiten. Das Übergewicht führt im Laufe der Zeit zu einem Fortschreiten der Arteriosklerose, wodurch der Blutdruck trotz Therapie erneut ansteigen und nur durch vermehrte Medikamentengaben wieder normalisiert werden kann; d.h., es werden langfristig gesehen immer höhere Dosen bzw. mehrere Arzneimittel zur Blutdrucknormalisierung benötigt. Außerdem wird dem Herzen durch das Übergewicht eine erhebliche größere Leistung abverlangt, was wiederum in eine Herzinsuffizienz (Herzschwäche) münden kann. Weiterhin kann infolge des Übergewichts das Zwerchfell, das den Brust- und den Bauchraum voneinander trennt, nach oben gedrückt werden: Die Folge ist eine verminderte Entfaltungsmöglichkeit der Lungen, besonders bei der Einatmung. Sie spüren dies daran, daß Sie schon bei leichteren bis mittleren körperlichen Belastungen in Atemnot geraten. Vermehrte degenerative Veränderungen an allen Gelenken bzw. Gelenkverschleißerscheinungen sind eine andere Folge des Übergewichts; die Gelenkbeweglichkeit nimmt dadurch im Laufe der Zeit erheblich ab.

Damit aber noch nicht genug: Übergewicht begünstigt die Entstehung zusätzlicher Risikofaktoren wie Diabetes, Fettstoffwechselstörungen, Gichtbeschwerden.

Abnehmen senkt den Blutdruck bei übergewichtigen Hypertonikern

Pro Kilogramm Gewichtsabnahme sinkt der Blutdruck im Durchschnitt um 2 mmHg

das heißt, 10 kg Abspecken führt zu 20 mmHg Blutdrucksenkung

43 Soll ich mein Körpergewicht schnell oder langsam reduzieren?

Schnelle Gewichtsabnahmen bewähren sich bei den meisten Menschen nicht. Zum einen fehlt dem Organismus die Zeit, sich dem niedrigeren Körpergewicht anzupassen, wodurch oftmals vermehrt subjektive Mißempfindungen, Beschwerden und manchmal auch Erkrankungen verschiedenster Art auftreten können. Zum anderen wird hierdurch langfristig keine Änderung der Eßgewohnheiten erzielt: Nach Reduzierung des Körpergewichtes um einige Kilogramm ist man mit dem Erreichten zufrieden, man fällt wieder in sein altes Eßverhalten zurück, und es dauert nicht allzulange, bis das ursprüngliche Körpergewicht wieder erreicht oder manchmal sogar überschritten ist.

Aussichtsreicher ist für die meisten Menschen die langsame Gewichtsabnahme mit Überdenken der alten Eßgewohnheiten und Erlernen einer neuen, gesünderen Lebensweise. Der Organismus hat hier genügend Zeit, sich an das langsam geringer werdende Körpergewicht zu gewöhnen; ungewohnte Begleiterscheinungen treten meist nicht oder allenfalls in geringem Maße auf.

44 Worauf muß ich beim Abnehmen achten?

Aus Platzgründen können im Rahmen dieses Buches nur Grundzüge aufgezeigt werden. Weitergehende Information erhalten Sie aus Diätkochbüchern und speziellen Ratgebern zum Thema.

Wichtig ist bei der Gewichtsabnahme, daß die Ernährung kalorienreduziert, aber nicht einseitig ist.

- Essen Sie wenig, nicht mehr als 1200 kcal pro Tag, bis Ihr Gewicht normalisiert ist.
- Nahrungsfette haben einen entscheidenden Einfluß auf die Blutfette. Da tierische Fette neben den überwiegend gesättigten Fettsäuren auch Cholesterin enthalten, erhöhen sie bei reichlicher Zufuhr die Blutfettwerte. Pflanzliche Öle und Fette enthalten dagegen überwiegend einfach und mehrfach ungesättigte Fettsäuren und kein Cholesterin. Sie erhöhen die Blutfette nicht und vermögen sogar, erhöhte Werte zu senken. Der Fettanteil Ihrer täglichen Kalorienzufuhr sollte nach Empfehlungen der deutschen und der amerikanischen Gesellschaft für Ernährung nicht über 30 % liegen. Vergessen Sie nicht, hierbei auf »versteckte Fette« zu achten: Diese kommen z.B. in Nahrungsmitteln wie Schlagsahne, Matjesfilet, Mettwurst usw. in einem erstaunlich hohen Prozentsatz vor.
- Verzehren Sie viel kohlenhydrathaltige Lebensmittel; Kohlenhydrate sollten 55–60 % Ihrer täglichen Energiezufuhr ausmachen. Meiden Sie jedoch Zucker, und verzehren Sie statt dessen viel Gemüse, Hülsenfrüchte und Getreideprodukte, die Ihnen Stärke liefern.
- Der Eiweißanteil an der Ernährung sollte bei ca. 10–15 % der Gesamtkalorien liegen. Bevorzugen Sie magere Eiweißträger, lesen Sie darüber mehr in Ihrem Diätkochbuch.
- Meiden Sie Alkohol, denn er liefert fast ebenso viele Kalorien wie Fett.

Tab. 1: Cholesteringehalt von Nahrungsmitteln
Die tägliche Aufnahme soll unter 300 mg Cholesterin liegen

Je 100 g Nahrungsmittel	enthalten Cholesterin in mg
Getreide	0
Kartoffeln	0
Obst	0
Gemüse	0
Fisch	30– 60
Krabben	150
Aal	140
Geflügel ohne Haut	75– 80
Wurstwaren	70–120
Fleisch (Hammel, Rind, Schwein, Kalb)	65– 90
Wild (Hase, Reh, Kaninchen)	65–110
Leber und Innereien	250–350
Kalbsnieren	380
Hirn	2000
Eierteigwaren	94
Eiscreme	40
Butterkeks	80
Löffelbiskuit	280
Magerjoghurt	Spuren
Speisequark, mager	1
Trinkmilch 1,5 %	5
Trinkmilch 3,5 %	12
Hühnerei	270
Käse 10–20 % i.Tr.	7– 45
Käse 40–60 % i.Tr.	70–105
Butter	240
Gänseschmalz	100
Mayonnaise	142
Diätmargarine	0

Quellen: Große GU-Nährwert-Tabelle 1988/89 und kleine Nährwert-Tabelle der DGE 1987

Hier noch einige Tips für richtiges Eßverhalten:

- Wiegen Sie sich möglichst nur einmal pro Woche, am besten nackt vor dem Frühstück, und notieren Sie Ihr Gewicht.
- Bei zu erwartenden bzw. nicht zu umgehenden größeren Mahlzeiten (Geburtstag, Party, Abendessen usw.) legen Sie am besten am Tag zuvor und eventuell am Tage danach einen Obsttag, Safttag oder Rohkosttag ein.
- Essen Sie langsam und nur zu festgesetzten Zeiten und lieber mehrere kleine Portionen als drei große Mahlzeiten.
- Auch wenn Sie mit der Gewichtsreduktion einmal nicht zufrieden sind, lassen Sie sich nicht entmutigen und essen Sie kalorienbewußt weiter. Es kommt beim Abnehmen immer individuell unterschiedlich, trotz Einhaltens der Diät, zu Gewichtsstillständen, da sich Stoffwechsel, Wasser- und Hormonhaushalt auf das geringere Gewicht umstellen und anpassen müssen. Während dieser Umstellungsphase kann es auch einmal über mehrere Tage zu einem Gewichtsstillstand kommen.
- Berücksichtigen Sie bei Ihrer kalorienreduzierten Ernährung auch die in den Getränken enthaltenen Kalorien. Versuchen Sie, die täglich erforderliche Flüssigkeitsmenge von 1,5–2 Litern überwiegend durch kalorienarme Flüssigkeiten zu sich zu nehmen.

45 Wie führe ich eine kochsalzarme Ernährung durch?

Je mehr Salz Sie beim Kochen in der Küche oder durch Nachsalzen beim Essen zu sich nehmen, um so mehr Medikamente (Diuretika) müssen Sie einnehmen, um Kochsalz und Wasser wieder über die Nieren auszuscheiden. Der Kochsalzverbrauch pro Person liegt in Deutschland bei ungefähr 11–12 g täglich; dies ist doppelt soviel, wie es für den Hochdruckkranken empfehlenswert ist. Ein Salzmangel ist bei der hier empfohlenen Beschränkung auf 5–6 g täglich nicht zu befürchten, da der tägliche Bedarf nur bei ca. 2–3 g liegt. Außergewöhnliche Belastungen wie starkes Schwitzen und Durchfälle mit starkem Salzverlust müssen selbstverständlich berücksichtigt werden. Die blutdrucksenkende Wirkung der

Salzbeschränkung ist abhängig vom Ausgangsblutdruck: Je höher die Blutdruckwerte, um so effektiver ist im allgemeinen eine Salzrestriktion; aber auch bei nur leicht erhöhten Blutdruckwerten werden günstige Auswirkungen im Sinne der Blutdrucksenkung beobachtet. Im allgemeinen enthalten die Nahrungsmittel (auch bei kalorienbewußter Ernährung gemäß der Antwort zu der vorherigen Frage) die für den menschlichen Organismus notwendige Kochsalzmenge. Es ist somit allenfalls eine sparsame Verwendung von Kochsalz beim Kochen erforderlich; Salz zum Nachsalzen bei Tisch sollte möglichst vermieden werden.

Der Grundsatz lautet: Kein oder höchstens ein bißchen Salz in der Küche, kein Salz bei Tisch!

Bedingt durch unsere Arbeitswelt (Essen in Kantinen oder Imbißstuben, Berufstätigkeit beider Partner, Essen unterwegs im Auto), wird aus Zeitmangel vielfach auf industriell bearbeitete oder gefertigte Nahrung zurückgegriffen, die aus technischen Gründen bzw. zur Konservierung hohe Kochsalzzusätze enthält. Zu den Lebensmitteln mit vermehrtem Kochsalzgehalt gehören u.a. viele Fertiggerichte, eine Reihe von Brotsorten, einige der heute sehr geschätzten Müsli-Sorten oder auch Cornflakes. Salzgebäck, gepökelte und geräucherte Fleisch- oder Wursterzeugnisse, Fischkonserven sowie eingesalzene und geräucherte Fischsorten sind meist besonders kochsalzreich. Aber auch Ketchup, Mayonnaise, Brühwürfel, Curry, Streuwürze, fertige Soßen und einige Senfsorten weisen einen erhöhten Kochsalzgehalt auf. Gesalzene Nüsse und Mandeln sowie Salzgebäck weisen meist schon im Produktnamen auf hohen Kochsalzgehalt hin. Aber auch Mineralwasser mit mehr als 80 mg Natrium/Liter enthält zuviel Kochsalz für den Bluthochdruckpatienten.

Die eben aufgeführten Nahrungsmittel sind heute weit verbreitet und gehören sowohl bei Menschen mit normalem Blutdruck als auch bei Patienten häufig zum täglichen Nahrungskonsum. Damit der Bluthochdruckpatient die Kochsalzaufnahme niedrig halten kann, sollte er die nachfolgenden kochsalzarmen Lebensmittel und Getränke bevorzugen:

Nahrungsmittel, die für eine Diät bei Bluthochdruck besonders geeignet sind

- Kochsalzersatzmittel
  frische, getrocknete oder tiefgefrorene Küchenkräuter
  Gewürze, wie z.B. Kümmel, Lorbeer, Muskat, Majoran, Paprika, Pfeffer (kein Gewürzsalz!)
  frischer Meerrettich
  reines Tomatenmark
- alle frischen, fettarmen Fleischsorten (z.B. ohne Salz zubereiteter Braten oder Tatar)
- ungesalzene, nicht geräucherte Fluß- und Seefische
- Trinkmilch, Buttermilch, Dickmilch, Joghurt (in begrenzter Menge), Speisequark, Frischkäse
- frisches Gemüse, Salate
- frisches Obst
- spezielles salzarmes Vollkornbrot
- Tee, Fruchtsäfte ohne Zucker
  Gemüsesäfte ohne Kochsalzzusatz
  Mineralwasser mit weniger als 100 mg Natrium (Na^+)/l.

Kochsalzreiche Nahrungsmittel sind für Hochdruckpatienten grundsätzlich ungeeignet!

Die meisten Fischsorten sind auch ungesalzen bzw. nicht geräuchert erhältlich; das gleiche gilt für alle frischen Fleischsorten. Frisches Gemüse, Salate sowie die meisten Obstsorten sind kochsalzarm. Auch eine Reihe Vollkornbrotsorten enthalten nur wenig Kochsalz. Als Getränke bieten sich hier natriumarmes Mineralwasser, Frucht- und Gemüsesäfte ohne Salzzusatz, aber auch Tee und Kaffee sowie in begrenzten Mengen Milch und Kefir an. Kochsalzarme Ernährung ist jedoch meist mit einem größeren Aufwand verbunden, da die Nahrungsmittel frisch gekauft und zubereitet werden müssen. Dennoch gibt es auch heute schon in vielen Kantinen Möglichkeiten, ein salzarmes Essen einzunehmen. Viele Hochdruckpatienten haben nach Aufklärung über die ungünstigen Auswirkungen einer kochsalzreichen Ernährungsweise für sich gute Wege und Möglichkeiten gefunden, auch bei vermehrter Arbeitsbelastung eine kochsalzreduzierte Ernährungsweise durchzuführen.

Viele Menschen glauben, daß die Mahlzeiten ohne Salz fade schmecken. Es gibt jedoch eine Fülle von pflanzlichen Gewürzen, mit denen Sie Ihre Mahlzeit interessant, scharf und pikant würzen können und nie das Gefühl haben, eine fade Diät zu essen. In Apotheken und Reformhäusern sind verschiedene Diätsalze erhältlich, die zwar – ähnlich wie Süßstoffe – geschmacklich dem Original nicht gleichkommen, an die man sich aber durchaus gewöhnen kann.

46 Hat Fischöl oder Knoblauch einen günstigen Einfluß auf den Blutdruck?

In beiden Fällen ist der wissenschaftliche Beweis noch nicht erbracht, daß der Genuß von Fischöl oder Knoblauch den Blutdruck beim Menschen günstig beeinflußt. Allerdings haben Tierversuche – besonders für das Fischöl – gezeigt, daß die Arteriosklerose gebremst bzw. sogar abgebaut werden kann und damit auch eine günstige Auswirkung auf den Blutdruck zu erwarten ist. Wesentliche nachteilige Auswirkungen sind bislang nicht bekannt. Wenn Sie also gerne Knoblauch essen, steht dem nichts entgegen.

47 Ist Alkoholkonsum bei Bluthochdruck schädlich?

Alkohol führt nicht zwingend zu einer Blutdruckerhöhung. Aus diesem Grunde braucht Alkohol – in kleinen Mengen genossen (weniger als 20–30 g pro Tag) – nicht generell verboten zu werden: Ein viertel Liter Wein enthält 25 g Alkohol, ein halber Liter Bier 20. Warum sollten Sie also nicht mal ein Glas Bier oder ein Glas Wein am Abend, zu einem besonderen Anlaß eine Flasche Sekt mit Gästen trinken? Es sollte jedoch beim Alkoholgenuß daran gedacht werden, daß Alkohol zu den kalorienreichen Nahrungsmitteln gehört; mit einer Flasche Wein führen Sie sich die an einem Obsttag mühsam eingesparten Kalorien wieder zu. Darüber hinaus gehört Alkohol zu der Nahrungsmittelkategorie der Fette (Lipide); wenn Ihre Fettwerte erhöht sind, so führt der Genuß von Alkohol zu einer weiteren Erhöhung der Fettwerte und damit zu einem Fortschreiten arteriosklerotischer Gefäßveränderungen, welche wiederum eine Blutdruckerhöhung nach sich ziehen können. Aus diesem Grunde ist vom Genuß mäßiger oder größerer Alkoholmengen (mehr als 20 g pro Tag) für den Bluthochdruckpatienten abzuraten.

Wichtig: Alkohol kann die müdemachende Wirkung mancher Medikamente verstärken, so daß z.B. die Verkehrstüchtigkeit beeinträchtigt sein kann.

Weiterhin müssen Sie wissen, daß es Erkrankungen gibt, z.B. Lebererkrankungen oder manche Formen der Herzmuskelerkrankung (z.B. dilatative Kardiomyopathie), bei deren Vorliegen ein völliger Verzicht auf Alkohol erforderlich ist.

Alkohol sollte nur in kleinen Mengen genossen werden.

48 Darf ich bei Bluthochdruck Kaffee trinken?

Bei manchen Menschen steigt der Blutdruck nach Kaffeegenuß etwas an. Es gibt jedoch bisher keine Hinweise darauf, daß Kaffee in mäßigen Mengen und mäßigen Konzentrationen den Bluthochdruck ungünstig beeinflußt. Bei den meisten Menschen mit hohem Blutdruck kommt es bei mäßigem Kaffeegenuß zu keinem weiteren Blutdruckanstieg, vor allem wenn sie medikamentös gut eingestellt sind und wenn die Lebensweise im übrigen »stimmt«. Es besteht somit kein Grund, Ihnen als Hochdruckpatient das Trinken von Kaffee zu verbieten. Sie sollten den Kaffee allerdings als Genußmittel und nicht etwa als Aufputschmittel zu sich nehmen. Wenn Sie beim Kaffeetrinken auf Milch und Zucker verzichten, ist dieses Getränk kalorienfrei und daher, gerade wenn Sie abnehmen wollen und müssen, eine geeignete Zwischenmahlzeit, die Sie Ihren Appetit vergessen läßt.

Wenn Sie jedoch aus Erfahrung früherer Jahre wissen, daß Sie zu den wenigen Menschen gehören, die auf Kaffeegenuß mit unerwünschten Nebenwirkungen (z.B. Erregung, Herzklopfen und/oder weitere »Blutdruckanstiege«) reagieren, dann sollten Sie jetzt als Patient mit Bluthochdruck nicht versuchen, sich an Kaffee zu gewöhnen, sondern vielmehr in diesem Falle auf den Kaffee verzichten.

In starker Konzentration und größerer Menge genossener Kaffee (mehr als 6 Tassen pro Tag) hat sich allerdings für alle Hochdruckkranken als ungünstig erwiesen.

49 Darf ich bei Bluthochdruck Tee trinken?

Im Prinzip gilt, besonders für schwarzen Tee, das gleiche wie für den Kaffee (siehe vorhergehende Frage). Manche Menschen vertragen keinen Kaffee, dafür aber um so besser Tee; sie sollten dann auch nur Tee trinken. Besonders Früchteteesorten werden fast immer ohne jede subjektive Mißempfindung vertragen; insbesondere fehlt diesen in der Regel die »Aufputschwirkung«. So können Teegetränke, vor allem die oben genannten Teesorten, besonders geeignete Getränke zu jeder Tageszeit sein. Auch beim Teetrinken sollten Sie möglichst (zwecks Kalorieneinsparung) Milch und Zucker weglassen.

50 Wie sieht es für einen Hypertoniker mit dem Rauchen aus?

Sie haben in vielen Abschnitten dieses Ratgebers erfahren und werden es auch noch bei weiteren Passagen merken, daß keine »Verbote« ausgesprochen wurden: Auch als Patient mit Bluthochdruck sollen Sie, so weit wie möglich, an den »schönen Dingen des Lebens« teilhaben, ganz gleich, was es sein soll (es kommt bei Ihnen meist nur ein wenig mehr auf das »Wie« als auf das »Was« an). Für den Hochdruckkranken sehen wir nur ein einziges wirkliches Verbot, nur einmal muß der mahnende Zeigefinger des Arztes erhoben werden:

Sie müssen sich das Zigarettenrauchen abgewöhnen.
Das Einstellen des Rauchens sollte nicht teilweise und zu irgendeinem Zeitpunkt, sondern so schnell wie möglich und vollständig erfolgen. Dies ist oftmals nicht leicht. Viele Kurorte, Volkshochschulen und Rehabilitationskliniken bieten Kurse an, in denen Raucher das Nichtrauchen »trainieren« können. Es würde den Rahmen dieses Büchleins sprengen, im einzelnen auf die verschiedenen Wege und Möglichkeiten eines Nichtrauchertrainings einzugehen. Entscheidend ist in jedem Falle, daß Sie selbst das Zigarettenrauchen aufgeben wollen. Sehr bewährt hat sich, in der Entwöhnungsphase vermehrt für körperliche Bewegung und Sport zu sorgen. Körperliche Bewegung und Sport können ähnlich wie die Zigarette wirken: In Phasen der Müdigkeit und Abgespanntheit erfolgt eine Anregung, in Phasen der Nervosität bieten sie vor allem Entspannung.

Gilt nun das eben über das Zigarettenrauchen Gesagte auch für Zigarren- und Pfeifenraucher? Beim Zigarren- und Pfeifenraucher kommt es in der Regel zu keiner Nikotininhalation, d.h., es wird nur »gepafft«. Wenn Sie wirklich Gelegenheitsraucher und nicht Suchtraucher sind, so ist speziell gegen diese Art von Gelegenheitsrauchen nichts einzuwenden.

Aus Erfahrung wissen wir, daß die Reduzierung des Zigarettenkonsums auf 2–3 Zigaretten täglich bei Gewohnheits- oder suchtmäßigen Rauchern meist nicht von langandauerndem Erfolg ist; über kurz oder lang kommt es oftmals wieder zu einem Anstieg des Zigarettenkonsums. Es ist daher meist leichter, ganz auf Zigaretten zu verzichten. Auch das »Umsteigen« auf Pfeife und Zigarre ist für den Zigarettenraucher nicht das Richtige, da er in der Regel dann doch inhaliert. Es gibt also für den Zigarettenraucher keine Alternative zu dem oben Gesagten: Sie müssen sich das Rauchen abgewöhnen.

Daß das Zigarettenrauchen sehr ungünstig für den Hochdruckkranken ist, wissen Sie bereits aus früheren Antworten: In bezug auf die Entwicklung der Arteriosklerose und die daraus entstehenden schweren Folgeerkrankungen addieren oder potenzieren sich die ungünstigen Auswirkungen des Bluthochdrucks und des Zigarettenrauchens.

51 Wie gefährlich ist das Passivrauchen?

Vom Passivrauchen spricht man, wenn man dem Rauch von anderen aktiv rauchenden Personen ausgesetzt ist und zwangsweise bei der Ein- und Ausatmung die mit Rauch angereicherte Luft in sich aufnehmen muß. Im Gegensatz zu den Erkenntnissen von vor einigen Jahren wissen wir heute, daß Passivrauchen gesundheitlich gefährlich sein kann. Die bisherigen Untersuchungen haben aber noch keinen Hinweis darauf gegeben, daß Hochdruckpatienten im Vergleich zu nicht an Bluthochdruck leidenden Menschen vermehrt gefährdet sind. Wir wissen weiterhin, daß der Menge des in der Luft befindlichen Rauches eine ganz entscheidende Bedeutung für die eventuelle Entwicklung von Erkrankungen zukommt: Geringere Konzentrationen von Rauch in der Luft, wie sie am Arbeitsplatz durch die eine oder andere Zigarette des Kollegen oder im Wohnbereich durch einen Familienangehörigen verursacht werden, führen zu keinen bekannten gesundheitlichen Schädigungen. Umgekehrt können hohe Konzentrationen an Rauch in der Atemluft, wie sie manchmal in verqualmten Gaststätten oder Diskotheken bestehen, bei regelmäßigen längeren Aufenthalten in solchen Räumen im Laufe der Zeit zu gesundheitlichen Beeinträchtigungen führen. Zwischen diesen beiden geschilderten Extremen gibt es einen sehr großen Übergangsbereich, über den wir nichts Sicheres wissen.

Es wird auch in Zukunft schwer sein, eine Rauchkonzentration als Grenzwert zu definieren, oberhalb derer bei längerem Aufenthalt in solcher Luft gesundheitliche Beeinträchtigungen auftreten können, und umgekehrt, unterhalb derer keine gesundheitlichen Beeinträchtigungen zu erwarten sind. Hier spielt die individuelle Empfindlichkeit des passiv rauchenden Menschen eine große Rolle. Es ist in jedem Falle ratsam, Orte und Räumlichkeiten zu meiden, in denen höhere Konzentrationen an Rauchstoffen zu erwarten sind; umgekehrt müssen im allgemeinen bei niedrigeren Konzentrationen keine gesundheitlich nachteiligen Auswirkungen befürchtet werden.

Nicht näher eingegangen werden kann an dieser Stelle darauf, inwieweit »Passivrauchen« subjektiv als unangenehm empfunden wird; auch dies ist individuell völlig verschieden. Es ist bekannt, daß eine Reihe von Menschen auch bei niedrigen Rauchkonzentrationen bereits unter Kopfschmerzen, Augentränen usw. leiden; aber auch Konzentrationsschwäche am Arbeitsplatz, Müdigkeit usw. können daraus resultieren.

Bedauerlich ist allerdings, daß sich die deutschen Politiker nicht zur Verabschiedung eines Gesetzes zum Schutze der Nichtraucher durchringen konnten. Andere Nationen sind uns hier weit voraus (z.B. USA, skandinavische Länder). Um so erfreulicher sind Aktivitäten und Bemühungen einzelner Institutionen zum allgemeinen Schutz der Nichtraucher; besonders sei hier die Deutsche Lufthansa erwähnt, die inzwischen auf allen ihren Flügen das Rauchverbot zum Schutz der Nichtraucher eingeführt hat.

52 Welchen Einfluß haben körperliche Belastungen auf meinen Blutdruck?

Zur Bewältigung körperlicher Belastungen sowohl im Beruf als auch in der Freizeit braucht der Organismus bzw. brauchen insbesondere die Muskeln vermehrt Blut (zwecks erforderlicher vermehrter Bereitstellung von Sauerstoff und Nährstoffen). Das Herz sorgt durch Zunahme der Schlaghäufigkeit und der Auswurfmenge pro Herzschlag dafür, daß dem Organismus der erforderliche Blutbedarf – entsprechend der Höhe der körperlichen Belastung – zur Verfügung gestellt wird. Durch eine zusätzliche, über das vegetative Nervensystem gesteuerte Gefäßverengung kommt es zu einem Blutdruckanstieg. Für das Ausmaß des Blutdruckanstieges sind jedoch zusätzlich eine Reihe weiterer körpereigener und äußerer Faktoren, die über das Blutdruckregulationssystem einwirken, mitverantwortlich.

Bei Patienten mit Bluthochdruck ist meistens sowohl der Blutdruck in Ruhe als auch der unter körperlicher Belastung erhöht. Wir wissen heute, daß bei der Blutdrucknormalisierung nicht nur die Ruhewerte gesenkt werden müssen, sondern daß vielmehr auch der Belastungbluthochdruck beachtet werden muß: Manchmal wird durch entsprechende Verhaltensmaßnahmen und/oder medikamentöse Blutdrucksenkung zwar der Blutdruck in Ruhe normalisiert, aber unter stärkerer körperlicher Belastung kommt es trotzdem noch zu einem überschießenden Blutdruckanstieg.

Der Belastungsbluthochdruck kann langfristig ebenfalls zu schweren Folgeerkrankungen führen und muß daher ebenso wie der erhöhte Ruheblutdruck behandelt werden. Als Faustregel für den Belastungsblutdruck gilt, daß dieser bei einer körperlichen Belastung von 100 Watt auf dem Fahrradergometer nicht über 200/100 mmHg liegen sollte.

53 Muß ich wegen des Blutdrucks meine Hobbys aufgeben?

In der Regel können Sie als Patient mit Bluthochdruck allen Hobbys nachgehen, bei denen Sie sich subjektiv nicht überanstrengt fühlen, d.h., alles, was Ihnen Freude macht, was Ihnen Entspannung und persönlichen Gewinn bringt, können Sie als Hobby ausführen. Stärkere statische körperliche Anstrengungen und vermehrter psychischer Streß im Zusammenhang mit Ihrem Hobby sind jedoch schädlich; in diesem Fall sollten Sie die Fortführung Ihres Hobbys überdenken und dies gegebenenfalls auch mit Ihrem Arzt besprechen (siehe auch Frage 55).

54 Kann ich weiter Gartenarbeit machen?

Die Pflege eines Gartens bedeutet für viele Menschen Freude und Ausgleich. Dies gilt natürlich auch für viele Patienten mit Bluthochdruck. Im allgemeinen besteht kein Grund, nicht auch weiterhin Ihren Garten zu pflegen. Sie sollten jedoch gerade als Hochdruckpatient darauf achten, daß die Gartenarbeit nicht in Streß ausartet. Das Umgraben schwerer, nasser Bodenerde sollte wegen der damit verbundenen Preßarbeit und des dadurch ausgelösten Blutdruckanstiegs vermieden werden. Das Rasenmähen ist im allgemeinen möglich, es sei denn, daß es körperlich schwerer Arbeit gleichzusetzen ist. Solange Gartenarbeit bzw. Gartenpflege Hobby ist und damit Freude und Entspannung darstellt, besteht kein Grund, den Garten aufzugeben.

Ergänzend sei jedoch hier angefügt, daß Gartenarbeit in der Regel keinen Trainingseffekt auf das Herz-Kreislauf-System hat. Somit ist Gartenarbeit kein Ersatz für ein ausgewogenes sportmedizinisches Bewegungsprogramm.

Gemäßigte Gartenarbeit macht Spaß und ist bei Bluthochdruck geeignet.

55 Welche Sportarten sind für den Hypertoniker geeignet?

Körperliche Inaktivität gehört ebenfalls zu den Risikofaktoren für Herz-Kreislauf-Erkrankungen. Gerade ein Hochdruckpatient, der also mit dem Risikofaktor des hohen Blutdruckes belastet ist, sollte für reichlich Bewegung sorgen, um hierdurch das Risiko von Herz-Kreislauf-Erkrankungen herabzusetzen.

Wichtig ist, daß vor Aufnahme eines körperlichen Bewegungsprogrammes eine ärztliche Untersuchung steht, die eventuell nicht bekannte Gefährdungen oder Einschränkungen hinsichtlich Bewegung bzw. Sportausübung aufdeckt.

Ob körperliche Betätigung bzw. Sport wirklich, wie vielfach behauptet, zu einer Lebensverlängerung des Hypertonikers führt, ist wissenschaftlich bislang noch nicht sicher bewiesen. Auch wenn hier der letzte Beweis aussteht, so darf doch angenommen werden, daß Bewegung und

Sport in der Regel das individuelle Risikofaktorenprofil günstig beeinflussen: Der Patient baut sein Übergewicht schneller ab, erhöhte Fett- und Blutzuckerwerte werden gesenkt, das Zigarettenrauchen leichter aufgegeben usw. Zumindest durch die Reduzierung dieser Risikofaktoren kommt es in jedem Falle zu einer Verbesserung der Lebensqualität und indirekt auch zu einer Verbesserung der Lebensprognose. Weiterhin ist bekannt, daß körperliche Betätigung in der Freizeit ein ausgezeichnetes Mittel ist, die ungünstigen Auswirkungen des Stresses zu reduzieren und sich eine gelassenere Lebenseinstellung anzueignen.

Die verschiedenen sportlichen Betätigungen wirken sich unterschiedlich auf den Blutdruck aus. Ausdauersportarten (z.B. Jogging, Radfahren, Skilanglauf, Schwimmen) führen langfristig zu einer Blutdruckstabilisierung, manchmal sogar zu einer leichten Blutdrucksenkung. Diese Sportarten haben auch für das Herz-Kreislauf-System einen günstigen Trainingseffekt: Bei regelmäßiger Ausübung (mindestens zwei- bis dreimal pro Woche für ca. 20 Minuten) führen sie im Laufe der Zeit zu einer Verringerung der Herzfrequenz und tragen damit zu einer Reduzierung des Sauerstoffbedarfs des Herzens bei. Sie sind deshalb als besonders geeignete Bewegungsformen bzw. Sportarten anzusehen.

Eine Reihe von weiteren Sportarten, wie Tennis und Ballspiele, zeigt weniger vorteilhafte Auswirkungen als die oben genannten Ausdauersportarten. Sofern diese nicht wettkampfmäßig und leistungsbezogen ausgeübt werden, ist jedoch nichts dagegen einzuwenden, zumal sie oft sowohl Freude und Spaß machen als auch Entspannung bringen. Wer gerne und geübt Ski fährt, kann dies tun, sollte sich dabei aber nicht überanstrengen.

Sportarten mit überwiegend isometrischer Muskelbeanspruchung sollten infolge der hierbei beobachteten massiven Blutdruckanstiege vermieden werden, zumal sie auch keinen Trainingseffekt für das Herz-Kreislauf-System bringen. Dies gilt in erster Linie für alle Kraftsportarten, angefangen von den morgendlichen Liegestützen über Gewichtheben bis zum Geräteturnen. Weiterhin sind Sportarten ungeeignet, bei denen infolge der enormen psychischen Anspannung erhebliche Blutdruckanstiege zu erwarten sind, z.B. Schießen, Fechten u.a. Wenig geeignet sind für Hochdruckpatienten auch wettkampfartige Belastungen und alle Sportformen, die eine hohe Konzentration erfordern und mit erheblicher nervlicher Beanspruchung verbunden sind; dazu gehören grundsätzlich auch alle Sportarten, bei denen es zum Schluß einen »Sieger« und einen »Verlierer« gibt, denn nur selten ist der Ehrgeiz ein Freund der Vernunft.

Schwimmen stellt für viele Menschen eine sehr geeignete sportliche Betätigung dar: Übergewichtige Menschen werden vom Wasser getragen und haben somit im Wasser sehr viel weniger Schwierigkeiten, sich adäquat zu bewegen als bei anderen dynamischen Sportarten; für andere ist

Kalorienverbrauch bei körperlicher Betätigung

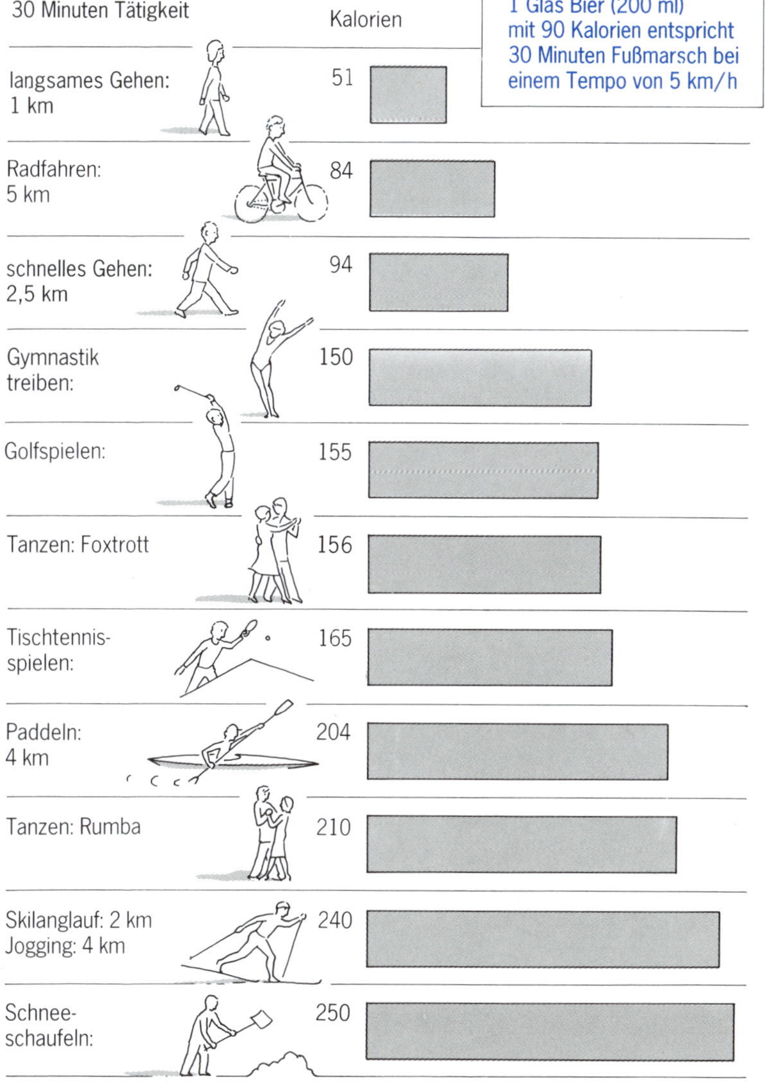

das Schwimmen deshalb besonders geeignet, weil sie schwere degenerative Gelenkveränderungen aufweisen, die ihnen bei den günstigen Ausdauersportarten Beschwerden bereiten können. Vermieden werden sollte jedoch immer das Tauchen, da es dabei zu Preßatmung und unerwünschtem Blutdruckanstieg kommt.

Die Wassertemperatur sollte idealerweise zwischen 27 und 30° C betragen. Da diese Temperaturen mit Ausnahme von Warmbadetagen in Schwimmbädern selten sind, muß man meist mit niedrigeren Wassertemperaturen in den Schwimmbädern vorlieb nehmen. Auch dann ist es für einen Hypertoniker möglich, Schwimmen zu betreiben. Allerdings sollte hier bei Betreten des Schwimmbeckens eine langsame Gewöhnung an die Wassertemperatur vorgenommen werden; auch der Aufenthalt im Wasser sollte entsprechend der Wassertemperatur verkürzt werden.

Bewegung, die Spaß macht und entspannt, hilft den Blutdruck zu senken.

Ganz allgemein sei an dieser Stelle zu den Fragen über sportliche Betätigung angemerkt, daß es nicht so sehr auf die Sportart ankommt, die Sie ausüben wollen, sondern vielmehr darauf, wie diese Sportart betrieben wird. Wichtig ist, daß die sportliche Betätigung vor allem Freude macht, ohne Preßatmung ausgeführt wird und keinen Wettkampfcharakter annimmt. Die körperliche Betätigung sollte Sie nicht erschöpfen und zerschlagen, sondern entspannen, gelassen und heiter machen, Ihnen das Gefühl geben, etwas Ausgleichendes gegen die unvermeidlichen Belastungen Ihres Alltags getan zu haben. Ob die drei L (»LLL«) – »Langläufer leben länger« – wirklich zutreffen, ist wissenschaftlich bislang noch nicht erwiesen; wichtiger als eine Lebensverlängerung ist jedoch eine Verbesserung der eigenen Lebensqualität, die dadurch erreicht wird, daß Sie den drei L zwei weitere L (»LLLLL«) hinzufügen: »Lässige Langläufer leben länger lustig.« Auf die lässige Komponente zum einen und die lustige Komponente zum anderen sollte es Ihnen bei der sportlichen Betätigung immer ankommen!

Sportarten für Bluthochdruckpatienten

geeignet	ungeeignet
Jogging	Sportarten mit überwiegend isometrischer
Radfahren	Muskelbeanspruchung (z.B. alle Kraftsportarten,
Skilanglauf	Gewichtheben, Geräteturnen)
Schwimmen	Schießen
Wandern	Fechten
Rudern	Tauchen
Golf	wettkampfartige Sportarten mit »Sieger« und »Verlierer«

56 Wie stark darf ich mich beim Sport belasten?

Als Belastungsgrenze sollten 75% der maximalen Herzfrequenz, wie sie mit einer diagnostischen Fahrradergometrie festgestellt werden kann, nicht überschritten werden. Als Faustregel kann man sich auch an der folgenden Formel orientieren:

Obere Belastungsgrenze =
180 Pulsschläge pro Minute minus Lebensalter

Das heißt, bei einem 50jährigen sollte also die Schlagfrequenz (z.B. während des Lauftrainings) nicht über 180 minus 50 = 130 Pulsschläge pro Minute steigen.

57 Wie hoch darf der Blutdruck unter Belastung ansteigen?

Aus einer Reihe von sportmedizinischen Untersuchungen wissen wir, daß Blutdruckwerte unter körperlicher Belastung physiologischerweise ansteigen müssen, jedoch gibt es auch hier Normwerte.

Als Faustregel können Sie sich merken, daß bei einer fahrradergometrischen Belastung von 100 Watt der Blutdruck Werte von 200 mmHg systolisch und 100 mmHg diastolisch nicht überschreiten sollte. Bei höheren Belastungsblutdruckwerten muß genauso wie bei überhöhten Blutdruckwerten in Ruhe überlegt werden, welche Maßnahmen – einschließlich eventuell blutdrucksenkender Medikamente – notwendig sind, um diesen Belastungsbluthochdruck zu senken.

58 Welchen Einfluß übt Streß auf meinen Blutdruck aus?

Das Wort »Streß« ist heute in aller Munde. Der Begriff wird häufig mißbräuchlich verwendet, wie ist er definiert? »Streß« kommt aus der englischen Sprache und bedeutet »Beanspruchung«. Es ist die psychische und physische Antwort des Organismus auf länger andauernde Reize. Diese Antwort des Organismus kann in einer positiven emotionalen Reaktion bestehen (man spricht auch von »Eustreß«); sie kann sich aber auch in einer negativen emotionalen Reaktion äußern (in diesem Fall spricht man von »Disstreß«). Nur dieser negative Streß, besonders wenn er chronisch ist, d.h. über längere Zeiträume besteht, ruft bei einer Reihe von Menschen gesundheitlich nachteilige Auswirkungen hervor (z.B. Bluthochdruck).

Positiver Streß hat keine langfristigen negativen gesundheitlichen Auswirkungen. Streß in jeder Form (ganz gleich ob positiver oder negativer Streß) kann jedoch zu vorübergehenden Blutdruckerhöhungen führen.

Jeder Mensch reagiert mit seiner Blutdruckregulation auf Streß unterschiedlich, abhängig von genetischen Einflußfaktoren und Umweltbedingungen. Es gibt bestimmte Typen von Menschen, die hinsichtlich der Blutdruckkrankheit und anderer Folgeerkrankungen besondere krankmachende »Verhaltensmuster« aufweisen (sogenanntes »Typ-A-Verhalten«). Solche Menschen sind, vereinfacht umschrieben, dadurch gekennzeichnet, daß sie eine ständige Hektik verbreiten, sich selbst immer gehetzt fühlen, in dauernden Wettstreit mit sich und der Umwelt verwickelt sind und meist eine unterschwellige Aggressivität an den Tag legen. Oftmals sind sie getrieben von dem Zwang, besondere Leistungen zu vollbringen und sich damit einem erhöhten Streß im Sinne der Überbeanspruchung und Überforderung auszusetzen.

Als »Typ-B-Verhalten« wird das gegenteilige Verhaltensmuster bezeichnet: Ruhe, Gelassenheit, Entspanntheit ... Die meisten Menschen weisen jedoch gemischte Verhaltensweisen auf, wobei der eine oder andere der beiden Typen überwiegt. Wissenschaftliche Untersuchungen haben gezeigt, daß Bluthochdruckpatienten in einem sehr viel höheren Prozentsatz das »Typ-A-Verhaltensmuster« an den Tag legen als andere Menschen.

Für Hochdruckkranke ist Streß als ständige Überforderung ein wichtiger Risikofaktor. Streßabbau und geregelte Entspannung sind deshalb besonders wichtig. Im Gegensatz zu Mitmenschen mit normalen Blutdruckwerten reagiert ein Mensch mit erhöhten Blutdruckwerten auf Streß mit überschießenden Blutdruckanstiegen.

Da bei der richtigen Verarbeitung des Stresses das Persönlichkeitsverhalten eine große Rolle spielt und manche Menschen im Rahmen einer antihypertensiven Behandlung ihr Persönlichkeitsverhalten zumindest teilweise verändern sollten, sollten weder Sie noch Ihr Arzt zögern, einen Psychotherapeuten mit zu Rate zu ziehen. Eine solche Vorgehensweise hat nichts mit der Behandlung einer psychiatrischen Erkrankung durch den Psychiater zu tun; sie stellt auch keinen Verdachtsmoment für eine eventuell erforderliche psychiatrische Behandlung dar. Vielmehr hat sich in vielen Bereichen der Medizin gezeigt, daß Leib und Seele eine Einheit darstellen und sich vielfach gegenseitig beeinflussen. Der Arzt ist überwiegend für die leibliche Gesundheit zuständig, der Psychologe überwiegend für den psychischen Bereich. Beide sollten zum Wohle des Patienten, sofern erforderlich, gemeinsam ihr Wissen und Können einsetzen.

Streß wirkt sich auf verschiedene Weise negativ auf Blutdruck und Herz-Kreislauf-System aus.

Bei Streß werden sogenannte Streßhormone (Adrenalin, Noradrenalin) ausgeschüttet, die eine Gefäßverengung bewirken und somit den Blutdruck erhöhen. Streß begegnet den Menschen heute meistens im beruflichen Alltag; die dabei ausgeschütteten Streßhormone können dann im allgemeinen nicht durch körperliche Aktivität verarbeitet werden, sondern sie belasten vielmehr unnötig das Herz-Kreislauf-System. Außerdem begünstigt chronischer Streß durch eine Störung der Stoffwechselvorgänge die Arteriosklerose und führt damit ebenfalls zu Blutdruckerhöhung.

59 Gibt es eine »Hochdruck-Persönlichkeit«?

Wie bereits in der Antwort auf die vorherige Frage über mögliche Auswirkungen des Stresses auf den Blutdruck ausgeführt, gibt es Persönlichkeitsmerkmale, die bei Bluthochdruckpatienten häufiger beobachtet werden als bei Patienten mit normalem Blutdruck. Dazu gehört das beschriebene »Typ-A-Verhalten«. Andere psychologische Untersuchungen haben ergeben, daß Hypertoniker häufiger als andere Menschen unter einem verminderten Selbstwertgefühl leiden. Dies steht oft in Widerspruch zu den häufig überdurchschnittlich erfolgreichen Berufslaufbahnen, d.h. das eigene Bild stimmt nicht mit dem Weltbild überein, welches die Mitmenschen haben. Bei Hypertonikern führt das bereits erwähnte »Typ-A-Verhalten« in Verbindung mit einem verminderten Selbstwertgefühl äußerlich zu einer erhöhten Kontrolliertheit, Ordnungsliebe und Beherrschtheit und umgekehrt zu verminderten impulsiven und spontanen Reaktionsweisen. Andere psychologische Untersuchungen haben ergeben, daß bei Hypertonikern häufiger als bei den übrigen Menschen Ängstlichkeit, Furcht und Depressivität nachzuweisen sind. Dies heißt jedoch nicht automatisch, daß Bluthochdruckpatienten weniger aufgeschlossen und kontaktfreudig sind als Menschen mit normalem Blutdruck (siehe auch Frage 67).

Eine typische »Hypertonie-Persönlichkeit« gibt es nicht, auch wenn einige Persönlichkeits- oder Charaktermerkmale bei Bluthochdruckpatienten häufiger beobachtet werden als bei Patienten mit normalem Blutdruck. Umgekehrt gibt es aber auch eine Reihe von Bluthochdruckpatienten, bei denen die eben genannten psychologischen Merkmale nicht zutreffen, bzw. es gibt viele Menschen mit normalem Blutdruck, die ein noch ausgeprägteres Streßverhalten und andere genannte psychische Merkmale aufweisen als zahlreiche Patienten mit erhöhten Blutdruckwerten.

60 Beeinflußt sexuelle Betätigung meinen Bluthochdruck?

Das Ziel der Bluthochdruckbehandlung sollte immer die bestmögliche Wiederherstellung der körperlichen und der seelischen Gesundheit des Hochdruckpatienten sein. Hierzu gehört zweifellos auch der sexuelle Bereich. Die Sexualität ist eine fundamentale Dimension menschlicher Existenz und stellt eine besondere Trost- und Glücksmöglichkeit gerade auch für den kranken oder alten Menschen dar, eben eine Chance persönlicher Lebenserfüllung und Selbstverwirklichung. Viele behandelnde Ärzte weichen bei Fragen ihres Hochdruckpatienten zum Thema Sexualität aus; auf mögliche Gründe dieses Verhaltens soll hier nicht eingegangen werden. Sicher ist, daß viele Hochdruckpatienten eine Minderung ihrer Libido und Potenz schildern, obwohl sie sonst weitgehend beschwerdefrei und körperlich leistungsfähig sind. Als Ursache kommen hier sogenannte periphere Durchblutungsstörungen in Frage, welche sich bei Hypertonikern häufiger in den Becken- und Beingefäßen nachweisen lassen, besonders wenn der Patient gleichzeitig intensiv geraucht hat. Eine solche Durchblutungsstörung kann auch zur Unterversorgung der Sexualorgane führen und damit zu Potenzstörungen. Störungen von Libido und Potenz können außerdem von blutdrucksenkenden Medikamenten hervorgerufen werden.

Hier muß mit dem behandelnden Arzt in Abhängigkeit vom Ausmaß der Störungen von Libido und Potenz überlegt werden, ob eventuell andere Medikamente in den Therapieplan aufgenommen werden können, die weniger häufig zu sexuellen Störungen führen.

Ein dritter Grund der Störungen von Potenz und Libido liegt im psychischen Bereich. Wenn Ängste des Patienten und des Lebenspartners weder miteinander noch mit dem behandelnden Arzt oder einem Psychologen besprochen werden, kann sich das auch auf die Sexualität auswirken.

Aus medizinischer Sicht stellt die sexuelle Betätigung eine unter vielen möglichen körperlichen Aktivitäten dar. Untersuchungen amerikanischer Herzspezialisten haben gezeigt, daß die Herzfrequenz und der Blutdruck bei sexueller Betätigung nicht mehr ansteigen als bei einer Reihe anderer körperlicher oder sportlicher Betätigungen. In der Regel entspricht die seelisch-körperliche Belastung beim Koitus einer fahrradergometrischen Belastung von 75 Watt.

Praktisch bedeutet dies, daß ein Patient, der 75 Watt auf dem Fahrradergometer ohne wesentliche Beschwerden leisten, eine Treppe hochsteigen oder raschen Schrittes um einen Häuserblock gehen kann, seine früheren gewohnten sexuellen Aktivitäten ohne Sorge wieder aufnehmen kann.

Kommen jedoch belastende Begleitumstände hinzu (z.B. »Liebesverkehr« in Wochenendbegegnungen mit fremden Partnern, bei denen nach reichlichem Essen, Alkohol und Nikotin, unter Zeitdruck, Schuldgefühlen, Angst vor Entdeckung etc. der Zwang hinzutritt, diesem unvertrauten Sexualpartner Leistungsfähigkeit und Potenz beweisen zu müssen), dann kann die sexuelle Aktivität zu einer deutlich erhöhten Belastung für Herz und Kreislauf mit eventuell daraus resultierenden Gefährdungen führen. In der Antwort zur obigen Frage konnte nur relativ allgemein auf den fundamentalen Bereich Sexualität eingegangen werden. Sie als Hochdruckpatient sollten nicht zögern, von sich aus die Initiative zu einem diesbezüglichen Gespräch mit Ihrem Partner, mit Ihrem behandelnden Arzt, mit einem Psychologen, mit anderen gleich betroffenen Patienten oder anderen Personen Ihres Vertrauens zu ergreifen, wenn bei Ihnen ein solches Bedürfnis vorliegt. Sie sollten sich von der überholten Einstellung freimachen, daß ein therapeutisches Gespräch über dieses Thema unangebracht oder unziemlich sei.

61 Was ist bei der Planung und Gestaltung von Urlaubsreisen zu beachten?

Der Urlaub bietet viele Chancen und Möglichkeiten, sich ganz seiner Gesundheit zu widmen. Diese Chancen und Möglichkeiten sollte der Hochdruckkranke nutzen und seinen Urlaub so planen, daß ungünstige Einflüsse, wie sie im Alltag oft nicht zu vermeiden sind, in der Urlaubszeit ausgeschaltet werden. Versuchen Sie, den Urlaub zu der wertvollsten und gesündesten Zeit im Jahr zu machen.

An was alles sollten Sie bei der Urlaubsplanung bzw. im Urlaub denken? Zunächst einmal sollten Sie im Urlaub die gesundheitlichen Risikofaktoren genauso vermeiden wie zu Hause. Das bedeutet, daß Sie auch im Urlaub auf Ihr Gewicht und auf die Diät (salzarm und fettarm) achten müssen. Das Zigarettenrauchen ist auch im Urlaub verboten. Eventuelle blutdrucksenkende Medikamente müssen im Urlaub genauso regelmäßig eingenommen werden wie zu Hause; eine Unterbrechung kann zu gefährlichen Blutdruckanstiegen führen (siehe auch die Antwort zu Frage 33). Nehmen Sie am besten für die Dauer Ihres Urlaubs Ihre Medikamente von zu Hause mit.

Mehrere kürzere Urlaube sind besser als ein großer Jahresurlaub. Da jedoch am Urlaubsort in den ersten Tagen eine gewisse Eingewöhnungsphase für den Organismus abläuft, sollte der Urlaub auch nicht zu kurz geplant werden. Wir wissen heute, daß in der dritten Urlaubswoche die größte Erholungswirkung eintritt, eine Verlängerung aber keine wesentliche Zunahme des Erholungswertes bringt. Daraus ergibt sich für Ihre Urlaubsplanung, daß ein dreiwöchiger Urlaub zweimal im Jahr die beste Erholungswirkung bieten würde. Für die Wahl der Jahreszeit lassen sich für den Hochdruckkranken keine allgemein gültigen Empfehlungen geben; dies hängt sehr viel von seinen Urlaubswünschen und -vorstellungen, aber auch vom Tonus seines vegetativen Nervensystems ab. Wegen eines meist ausgeglicheneren Klimas (keine extreme Kälte oder Hitze) scheinen Jahreszeiten wie Frühjahr und Herbst etwas günstiger für das Vegetativum zu sein als Sommer und Winter.

Auch für die Wahl der Urlaubsgebiete können keine besonderen Empfehlungen gegeben werden. Im allgemeinen gilt hier, daß Sie dorthin in Urlaub reisen können, wo Sie sich wohlfühlen. Dies müssen Sie selbst herausfinden bzw. von früheren Urlaubsreisen her wissen. Es gibt immer Urlaubsgebiete und Klimaverhältnisse, die von einigen Menschen subjektiv nicht gut vertragen werden und wiederum von anderen besonders gut. So gesehen kommt ein Urlaub an der Nord- oder Ostsee ebenso in Frage wie ein Urlaub im Gebirge. Die Höhe selbst stellt in der Regel für den Hypertoniker keine Gefährdung dar; zumindest gilt dies bis zu Höhen von etwa 2000 Metern, wenn außerdem noch eine ein- bis zweitägige Akklimatisierung miteingeplant wird. Höhen über 2000 Meter sollten erst nach Akklimatisierung und eher zu Fuß als rasch mit Bergbahnen erklommen werden.

Gegen Flug- und Seereisen bestehen ebenfalls keine Bedenken. Bei Flugreisen mit den heutigen modernen Düsenverkehrsflugzeugen herrscht in der Regel in der Kabine ein Druck wie in einer Höhe von ca. 2500 Metern über dem Meer. Zu bedenken ist allerdings, daß längere Flugreisen in westlicher oder östlicher Richtung immer zu einer Zeitverschiebung führen. Vor Antritt einer solchen längeren Flugreise sollten Sie daher mit Ihrem Arzt besprechen, zu welchen Zeiten Sie während der Reise und in den ersten Tagen nach Ankunft am Urlaubsort Ihre Medikamente einnehmen sollten, bis sich Ihre »innere« Uhr umgestellt und angepaßt hat. Besonders wenn das Urlaubsziel in größerer Entfernung vom Heimatort liegt, ist es oft bequemer und für den Organismus schonender, die Reise mit dem Flugzeug als mit dem Auto zu unternehmen.

Seereisen können ihre besonderen Reize und auch ihren besonderen Erholungswert haben. Allerdings sollten Sie daran denken, daß einige Menschen die Auswirkung des Reizklimas der See nicht gut vertragen.

Planen Sie Ihren Urlaub möglichst streßarm, d.h., meiden Sie z.B. Hauptsaisonzeiten, suchen Sie entlegenere Urlaubsziele auf, die weniger überfüllt sind; reisen Sie ggf. nicht mit dem Auto in den Urlaub, sondern mit der Eisenbahn oder mit dem Flugzeug; gönnen Sie sich in Ihrem Urlaub ausreichend Freizeit, und verplanen Sie Ihre Urlaubszeit nicht von der ersten bis zur letzten Minute.

Sind Ihre Blutdruckwerte unter der blutdrucksenkenden Medikation weitgehend normal, so bestehen keine Einwände gegen einen Aktivurlaub. Bei auch unter Therapie deutlich erhöhten Blutdruckwerten sollte am Urlaubsort jedoch nur ein vorsichtig dosiertes Bewegungsprogramm mit vielen Ruhe- und Entspannungsphasen geplant werden. Sportarten mit Wettbewerbscharakter oder starker nervlicher Belastung sind für jeden Hochdruckkranken ungünstig. Intensive Sonnenbestrahlung und Hitzeeinwirkungen sind immer (und nicht nur für den Hochdruckkranken) riskant und für die Gesundheit nachteilig; ganztägiges Sonnenbaden an Mittelmeerstränden sollte somit unterlassen werden, maßvolles Sonnenbaden ist erlaubt.

Das Besuchen von Thermalbädern sollte wohlüberlegt sein; für den Patienten mit hohem Blutdruck haben sie im allgemeinen mehr ungünstige als günstige Auswirkungen. Längerer Aufenthalt in überdurchschnittlich warmem bis heißem Wasser stellt immer eine besondere Herz-Kreislauf-Belastung dar. Der Aufenthalt in überwiegend nach Kneippschen Anwendungen orientierten Kurorten ist zumindest beim Patienten mit deutlich erhöhten Blutdruckwerten zu vermeiden, da Kaltwasserreize zu erheblichen Blutdruckanstiegen führen können, die dann bei Patienten mit Bluthochdruck unter Umständen eine Hochdruckkrise auslösen können (siehe auch Frage 80). Auch vor Trinkkuren mit Mineralwässern muß wegen des hohen Kochsalzgehaltes gewarnt werden.

Bei Reisen in warme bis heiße Klimazonen (Tropen) muß sich der Körper in besonders vielen seiner Funktionen umstellen und anpassen. Dies kann zu vermehrten Blutdruckschwankungen führen. So kann es z.B. durch vermehrten Schweißverlust auch zu einem Blutdruckabfall kommen. Sie sollten dann möglichst einen Arzt am Urlaubsort aufsuchen oder eine solche Situation vorher mit Ihrem behandelnden Arzt durchgesprochen haben, um in dieser Situation eventuell vorübergehend die Arzneimitteldosis zu reduzieren.

Wegen der vegetativen Anpassung des Organismus am Urlaubsort ist es wichtig, daß Sie Ihren Blutdruck häufig kontrollieren, entweder durch Blutdruckselbstmessung oder durch Aufsuchen eines Arztes. Sofern Sie also ein Blutdruckmeßgerät besitzen, vergessen Sie nicht, dieses mit auf die Urlaubsreise zu nehmen.

62 Darf ich als Patient mit Bluthochdruck eine Sauna aufsuchen?

Das Saunieren ist eine geeignete Maßnahme, um das Psychovegetativum zu stabilisieren. Aber nicht alle Menschen vertragen die trockene Hitze; wenn Sie zu diesen Menschen gehören, dann sollten Sie die Sauna nicht aufsuchen. Bei den meisten Menschen jedoch führt das Saunieren zu einer Steigerung des Wohlbefindens. Ursprünglich diente das Saunieren einer besonders tiefgreifenden Reinigung des Körpers: Die durch das intensive Schwitzen aus den geöffneten Hautporen austretenden Substanzen werden nach jedem Gang mit Wasser abgespült. Auf keinen Fall sollten Sie sich der Illusion hingeben, durch regelmäßige Saunabesuche schnell und wirkungsvoll Übergewicht abbauen zu können. Der größte Teil des Gewichtsverlustes beim Saunieren beruht auf einem Flüssigkeitsverlust, der möglichst schon zwischen zwei Saunagängen, spätestens aber nach dem letzten Saunagang in Form von kalorienarmen Getränken wieder ausgeglichen werden sollte. Wird dies nicht getan, so kann es z.B. zu Störungen des Elektrolytstoffwechsels und dadurch bedingte Herzrhythmusstörungen kommen.

Der Aufenthalt in der Saunakabine führt gewöhnlich zu keinem Blutdruckanstieg und ist somit für den Hochdruckkranken ohne besondere Gefahr. Während des Saunagangs kommt es infolge der hohen Temperatur zu einer Erweiterung der Arterien, wodurch sich die Blutströmungsgeschwindigkeit verlangsamt und dadurch der Blutdruck sinkt. Vielfach wird im Anschluß an den Saunagang ein Tauchbad in einem mit eiskaltem Wasser gefüllten Wassertrog genommen. Hierbei kommt es zu einer ganz erheblichen Vasokonstriktion (Gefäßzusammenziehung), so daß das Blut in diesen sich kontrahierenden und verkrampfenden Gefäßen unter starken bis stärksten Druck gerät, was zu deutlichen, im Einzelfall gar zu exzessiven Blutdruckanstiegen führen kann. Diese Blutdruckanstiege können unter Umständen schwere Komplikationen nach sich ziehen. Aus dem eben Gesagten ersehen Sie, daß das Eintauchen in eiskaltes Wasser im Anschluß an einen Saunagang in jedem Falle ungünstig und mit erhöhten gesundheitlichen Gefährdungen verbunden ist.

Für Sie als Hypertoniker ist es am besten, wenn Sie sich nach einem Saunagang mit temperiertem Wasser abduschen und anschließend 30–45 Minuten entspannen, ggf. dabei (alkoholfreie!) Getränke zu sich nehmen, ehe Sie einen zweiten Saunagang anschließen. Patienten mit schwerer Hypertonie sollten vor dem ersten Saunabesuch erst mit ihrem Arzt sprechen.

63 Sind Kneipp-Anwendungen bei Hochdruckkranken erlaubt?

Kneipp-Anwendungen (Wechselbäder usw.) wirken sich im allgemeinen positiv anregend und stabilisierend auf das Psychovegetativum aus. Aus diesem Grund sind sie geeignet, vermehrten Lebensstreß abzubauen und zu einer Harmonisierung von Körper und Geist beizutragen. Der bei diesen Anwendungen in der Regel vorhandene Kaltwasserreiz führt jedoch immer zu einer Gefäßverengung und folglich auch zu Blutdruckanstiegen. Diese Blutdruckanstiege sind aber bei den meisten Menschen, auch bei Menschen mit leichter bis mittelschwerer Hypertonie, nicht von langer Dauer und führen nicht zu einer besonderen Gefährdung.

Patienten mit deutlich erhöhten Blutdruckwerten, die auch unter therapeutischen Maßnahmen noch deutlich erhöht bleiben, sollten Kaltwasser-Anwendungen in jedem Falle meiden. Hier kann es durch die zusätzlichen Blutdruckanstiege zu einer erhöhten Gefährdung durch Herz-Kreislauf-Komplikationen kommen.

64 Was ist von Autogenem Training zu halten?

Das Autogene Training stellt eine einfache, aber wirkungsvolle Selbsthilfemethode zur körperlichen und seelischen Entspannung dar. Da körperliche und seelische Belastungen zu Blutdruckanstiegen (und dies besonders bei Hochdruckpatienten) führen können, ist das Autogene Training eine gute Möglichkeit, sich bei körperlichen oder seelischen Belastungssituationen zu entspannen.

Das Erlernen der Technik des Autogenen Trainings bedarf einer fachkundigen Anleitung und dauert individuell unterschiedlich lang; auch die Entspannungsmöglichkeit mit Hilfe des Autogenen Trainings ist von Person zu Person unterschiedlich. Bei vielen Hochdruckpatienten hat das Autogene Training bei deren Bemühungen um Streßabbau einen wirkungsvollen Beitrag geleistet; ähnliches gilt übrigens auch für verschiedene Meditationsformen.

65 Wie kann ich überprüfen, ob ich alles getan habe, um die Auswirkungen des Bluthochdrucks möglichst gering zu halten?

Eine allumfassende Liste der Maßnahmen, die Sie abhaken können, um Gewißheit zu haben, alles gegen Ihren Bluthochdruck getan zu haben, kann es nicht geben; diese hängen letztlich zu sehr von verschiedenen individuellen Faktoren ab. Dennoch gibt die nachfolgende Liste Ihnen die Chance, bei ehrlicher Beantwortung ca. 90 % der möglichen Maßnahmen im Hinblick auf eine günstige Beeinflussung Ihres Blutdrucks zu erfassen. Folgende Fragen sollten Sie sich beantworten bzw. mit Ihrem Arzt besprechen und am besten jährlich wiederholen:

1. Kenne ich meine Blutdruckwerte bzw. mein Blutdruckverhalten?
2. Wie hoch ist mein Cholesterinspiegel im Blut?
3. Wie hoch ist der Triglyzeridspiegel im Blut?
4. Sind meine Blutzuckerwerte normal?
5. Wie hoch ist mein Harnsäurespiegel?
6. Bin ich übergewichtig?
7. Rauche ich Zigaretten?
8. Führe ich regelmäßig in meiner Freizeit ein dosiertes Bewegungsprogramm durch?
9. Versuche ich, Streß abzubauen?
10. Gibt es in meiner Verwandtschaft Personen mit erhöhten Blutdruckwerten?
11. Ist unter der bestehenden Medikation mein erhöhter Blutdruck ausreichend gesenkt?
12. Ernähre ich mich kochsalzarm?
13. Sorge ich für ausreichend Entspannung und Schlaf?

Zu allen diesen aufgeführten Fragen finden Sie in diesem Buch Antworten, aus denen Sie ersehen können, weshalb die daraus resultierenden Konsequenzen für die Lebensweise des Hochdruckpatienten von Bedeutung sind.

66 Was ist die »Deutsche Liga zur Bekämpfung des hohen Blutdruckes e.V.«?

Die »Deutsche Liga zur Bekämpfung des hohen Blutdruckes e.V.« stellt eine Vereinigung dar, die das Ziel hat, den hohen Blutdruck in der Bevölkerung möglichst wirkungsvoll zu bekämpfen. Einen besonderen Schwerpunkt sieht diese Vereinigung im Bereich der Aufklärung und der Prävention, d.h. der Verhinderung des hohen Blutdrucks. Die Liga gibt Merkblätter sowie Empfehlungen für Hochdruckkranke und für Ärzte zur Vorbeugung und Behandlung der Hypertonie heraus. Die Anschrift lautet:

Deutsche Liga zur Bekämpfung des hohen Blutdruckes e.V.
Postfach 10 20 40, 69120 Heidelberg

Die Liga hat außerdem ein sogenanntes »Herz-Kreislauf-Telefon« eingerichtet, über das Sie Informationen zu Herz- und Gefäßerkrankungen, insbesondere zum Bluthochdruck, erhalten. Montag bis Freitag wird Ihr Anruf in der Zeit von 9.00–17.00 Uhr gerne entgegengenommen; dazu wählen Sie die nachfolgende Telefonnummer:

(06 221) 47 48 00

Dieses Informationstelefon kann allerdings nicht die Beratung bei Ihrem betreuenden Arzt ersetzen. Zu allen Themenbereichen, die in irgendeiner Weise mit dem Bluthochdruck zusammenhängen, gibt die Hochdruckliga vierteljährlich eine Patientenzeitschrift mit dem Titel »Druckpunkt« heraus. Diese Zeitschrift kann bei der Geschäftsstelle der Hochdruckliga (Anschrift siehe oben) zu einem Jahrespreis von derzeit DM 20,00 bestellt werden; für Mitglieder der Hochdruckliga ist der Bezugspreis im Mitgliedsbeitrag enthalten.

67 Gehört der Hochdruckpatient einem bestimmten »Persönlichkeitstyp« an?

Es gibt keine überzeugenden Hinweise, daß psychologische und soziale Faktoren beim Menschen für sich allein einen erhöhten Blutdruck als Krankheit verursachen können. Jedoch ist unbestritten, daß solche Faktoren beim Menschen situativ zu einer Blutdruckerhöhung führen und bei dauerhafter Einwirkung den Verlauf und die Prognose eines bestehenden Bluthochdrucks ungünstig beeinflussen können.

Dennoch wissen wir aufgrund klinischer und psychologischer Beobachtungen, daß Hochdruckpatienten oft leicht aufbrausend und erregbar sind oder Personen, die aggressive Impulse unterdrücken. Wir wissen aber auch, daß ein Bluthochdruck bei ganz unterschiedlichen Persönlichkeitstypen vorhanden sein kann. Von einer typisierbaren »Bluthochdruck-Persönlichkeit« kann man nicht sprechen. Es gibt jedoch bezeichnende Situationen, auf die – wie eben schon erwähnt – viele Hochdruckpatienten mit »Überschießen« des Bluthochdrucks reagieren.

Der Hochdruckkranke reagiert in den nachfolgend aufgelisteten Belastungssituationen häufiger mit einem stärkeren Anstieg seines Blutdrucks als ein Mensch mit normalen Blutdruckwerten:

1. Ängstigendes und gleichzeitig Verpflichtendes; d.h., wenn ein Mensch die ihm aufgetragene Verantwortung als viel zu groß empfindet und sich daher vor ihr ängstigt, andererseits aber aufgrund seines großen Pflichtgefühls doch glaubt, die Verantwortung übernehmen zu müssen.
2. Zeitdruck; d.h. Arbeit und andere Dinge immer in Hetze und Eile ausführen zu müssen.
3. Aggressive Impulse; d.h. bei jeder Art von Konkurrenz oder Einmischung aggressiv und feindselig zu reagieren.
4. Chronische Erwartungsspannung; d.h. immer aktionsbereit sein, nie abschalten können und glauben, ohne einen ginge es nicht.

Obwohl viele Hochdruckkranke die genannten Verhaltensmuster aufweisen, kann dies zunächst nicht als krankhaft angesehen werden, d.h., eine psychotherapeutische Behandlung ist kaum erforderlich. Dennoch sollte der Hypertoniker dies wissen, um ggf. selbst solche Belastungssituationen abzubauen bzw. bei Belastungssituationen entspannter zu reagieren.

Für den Mitmenschen, aber auch für den behandelnden Arzt ist in diesem Zusammenhang wichtig zu wissen, daß der Patient mit Bluthochdruck durch sein leistungswilliges und angepaßtes Verhalten, bei dem er kontaktfreudig, ordentlich und pflichtbewußt ist, zu einem angenehmen Menschen wird; dabei ist jedoch immer zu bedenken, daß Patienten mit Bluthochdruck ihre Aggressionen, ihre Ehrgeiz- und Konkurrenzbedürfnisse oft sprachlich nicht zum Ausdruck bringen können, daß diese jedoch häufig latent vorhanden sind. Gerade wenn man als Mitmensch auf solche Hochdruckpatienten Einfluß hinsichtlich der Lebensgestaltung nehmen will, reagieren sie leicht gekränkt, manchmal gehen sie auch in

Opposition. Wichtig ist, daß sich der Mitmensch und der Arzt trotz dieses eventuell unerfreulichen Verhaltens nicht ihrerseits gekränkt fühlen und sich weiter freundlich um den betreffenden Patienten bemühen.

68 Kann mir mein Lebenspartner bei der Bewältigung meines Bluthochdrucks helfen?

Aus einer Reihe vorangegangener Fragen und Antworten wird die Notwendigkeit einer Änderung der Lebensweise, ggf. einschließlich einer blutdrucksenkenden Medikation, bei Hypertonikern deutlich. Diese Änderung der Lebensweise betrifft nie den Patienten allein; der Lebenspartner nimmt automatisch mit daran teil. Bei leichtem Bluthochdruck sind die notwendigen Anpassungsmaßnahmen meist nicht sehr ausgeprägt und beeinflussen somit den gemeinsamen Lebensrhythmus nicht wesentlich. Anders sieht es bei schwerer Hypertonie (eventuell kompliziert durch Herzinfarkt- oder andere Krankheitsfolgen) aus; hier ist oftmals eine tiefgreifende Änderung des Lebensrhythmus erforderlich, die zwangsweise auch die partnerschaftliche Beziehung entsprechend stark miteinbezieht bzw. – bei mangelndem Verständnis für die neue Situation – unter Umständen auch belastet.

Ihr Partner kann Ihnen bei der Änderung des Lebensstils helfen, indem er sich selbst daran anpaßt, weil er erkennt, daß dies wichtig für Ihre Gesundheit ist und für seine eigene nicht von Nachteil, sondern auch nur von Vorteil. So hilft er Ihnen, z.B. durch das Einstellen des Zigarettenrauchens, in Ihrem Bemühen, nicht »rückfällig« zu werden. Anders würde es nämlich aussehen, wenn der Partner weiterhin seine Zigaretten raucht, dadurch die Luft in Ihrer Wohnung weiterhin nach Rauch riecht; oftmals wird man dann als Betroffener wieder rückfällig.

Auch wenn Sie sich im Rahmen eines Klinikaufenthaltes, z.B. in einer Rehabilitationsklinik, für eine für Sie notwendige Diät entschieden haben, ist es für Sie leichter, diese einzuhalten, wenn zu Hause der Partner und ggf. die ganze Familie mitmacht und ebenfalls fettarme und ungesalzene Speisen akzeptiert. Oftmals müssen bei fortgeschrittener Erkrankung liebgewonnene gemeinsame Aktivitäten aufgegeben werden, um mehr Möglichkeiten der Entspannung zu finden; auch hier ist es vorteilhaft, wenn sich der Partner freiwillig den neuen Verhaltensnotwendigkeiten anpaßt.

Gemeinsam geht es leichter: Beziehen Sie Ihren Partner in Ihre Strategien gegen den Bluthochdruck ein.

Versuchen Sie, Ihren Partner möglichst viel über Ihren Hochdruck und die sich daraus ergebenden Konsequenzen zu informieren und ihn daran teilnehmen zu lassen. Geben Sie ihm auch dieses Buch zu lesen: Je mehr Ihr Partner über Ihre Krankheit weiß, um so bessere Chancen hat er, Ihnen durch zusätzliche gute Ideen, durch Geduld und durch Verständnis zu helfen.

Verlangen Sie nicht von ihm, Sie wie ein Kind im Kindergarten an die Hand zu nehmen. Bleiben Sie immer in einer gleichberechtigten Partnerrolle. Umgekehrt sollten Sie auch nie eine Pascharolle spielen. Fühlen Sie sich für Ihre Gesundheit immer letztendlich selbst verantwortlich; wälzen Sie diese Verantwortung nicht auf Ihren Partner ab. Ein verständnisvoller Partner kann Ihnen jedoch sehr viel bei der Bewältigung Ihrer Probleme helfen. Schon in mancher Partnerschaft wurde, so paradox es auch klingt, die Entdeckung des Bluthochdrucks zum Ausgangspunkt eines erfüllteren und glücklicheren Lebens für alle beide. Sie kennen doch das Sprichwort:

»Geteiltes Leid ist halbes Leid und geteilte Freude ist doppelte Freude.« Diese Worte gelten für Bluthochdruck und Partnerschaft in ganz besonderem Maße.

69 Muß ich mein Berufsleben verändern?

Diese Frage enthält viele Aspekte, die sich nicht alle erschöpfend in einer Antwort abhandeln lassen. Deshalb müssen Sie – entsprechend dem für Sie wichtigen Teilaspekt – ergänzend bitte noch die Antworten zu anderen Fragen mit hinzuziehen.

Wir wissen heute, daß in vielen Berufen verschiedene Belastungen bestehen, die für den Hochdruckpatienten schädlich sind. Dazu zählen z.B. Wechselschichttätigkeiten, insbesondere wenn sie Nachtschichten mitbeinhalten. Aber auch schwere statische körperliche Arbeit (im Sinne von schwerem Heben und Tragen) ist für den Hochdruckpatienten ungeeignet. Weiterhin sind Arbeiten unter besonderem Zeitdruck mit dem dadurch vermehrten psychischen Streß ungünstig. Neuere Untersuchungen haben auch gezeigt, daß Arbeiten, bei denen man erhöhten Lärmbelästigungen ausgesetzt ist, den Blutdruck ungünstig beeinflussen. Dies sollen nur einige Beispiele für verschiedene Faktoren aus dem Berufsleben sein, die sich ungünstig auf Ihren Blutdruck auswirken.

Berufstätige Hypertoniker sollten regelmäßige Tätigkeiten bevorzugen. Dabei sollten die gesetzlich vorgeschriebenen Ruhepausen eingehalten werden, ggf. sollte auch die Möglichkeit zu zusätzlichen Entspannungsphasen bestehen. Lärm am Arbeitsplatz, Hektik sowie Arbeiten unter besonderem Zeitdruck sollten möglichst vermieden werden. Von besonderer Wichtigkeit ist der regelmäßige und ungestörte Nachtschlaf, d.h., Überstunden, Nacht- und Wechselschichtarbeit sollten möglichst vermieden werden. Überhaupt sollten Sie für ausreichenden Schlaf sorgen; dazu kann auch ein regelmäßiges Mittagsschläfchen beitragen. Diese Empfehlungen gelten für jeden arbeitenden Hochdruckpatienten, ganz gleich, ob er Handwerker, Angestellter, Beamter oder Selbständiger ist.

Aus dem bisher Gesagten erkennen Sie, daß manche beruflichen Tätigkeiten für einen Hochdruckkranken wegen der gesundheitlichen Gefährdung ungeeignet sind. Ein Wechsel der Berufstätigkeit kann dann unumgänglich werden. Hierüber sollten Sie mit Ihrem Hausarzt und nach Möglichkeit auch mit einem Betriebsarzt sprechen.

Für einige Berufe besteht sogar bei Vorliegen eines schweren Bluthochdruckes ein Berufsverbot, insbesondere dann, wenn man infolge erhöhter Gesundheitsgefährdung nicht nur sich selbst, sondern auch andere mitgefährdet, wie z.B. Berufskraftfahrer, Piloten, Lokführer, Kranfahrer. Bei gutem Willen, sowohl seitens des Arbeitgebers als auch seitens des Arbeitnehmers, läßt sich oftmals eine Umbesetzung oder eine Umschulung durchführen.

70 Führt Bluthochdruck zu einer Minderung der Arbeits- und Erwerbsfähigkeit?

Bei einer »leichten« Hypertonie können fast alle beruflichen Tätigkeiten und Arbeiten wahrgenommen werden. Bei einigen wenigen beruflichen Tätigkeiten (wie z.B. gewerbliche Personenbeförderung oder Lokomotivführer) werden arbeitsmedizinische Kontrolluntersuchungen in kürzeren Abständen als sonst üblich notwendig. Dennoch sollten bei Vorliegen einer leichten Hypertonie hinsichtlich des Berufslebens grundsätzlich die Empfehlungen, wie sie in der Antwort 69 enthalten sind, gelten.

Bei einer mäßigen Blutdruckerhöhung mit diastolischen Werten um 100 mmHg und gleichzeitigem Bestehen krankhafter Veränderungen an bereits einem Organ (z.B. Augen) wird die Minderung der Erwerbsfähigkeit im allgemeinen mit 20–40 % eingeschätzt. In diesem Stadium sind alle gefährlichen Arbeiten zu meiden. Vermehrte körperliche und psychische Belastungen sollten ebenfalls vermieden werden. Betriebsärztliche Untersuchungen in kurzen Zeitabständen sind unbedingt zu empfehlen.

Schwere Bluthochdruckformen mit diastolischen Werten dauernd über 100 mmHg und krankhaften Veränderungen an mehreren Organen bedingen je nach Schwere des Bluthochdrucks eine Minderung der Erwerbsfähigkeit zwischen 50 und 100 %. Es können im allgemeinen nur noch leichte Arbeiten ohne wesentliche körperliche oder psychische Belastungen verrichtet werden.

Aus den Antworten zu einer Reihe von Fragen können Sie entnehmen, daß sich jedoch durch geeignete Maßnahmen, einschließlich der medikamentösen Therapie, selbst schwere Bluthochdruckformen deutlich bessern lassen (sogar bis zu einer völligen Normalisierung der Blutdruckwerte). Die Patienten sind erfreulicherweise dann wieder entsprechend arbeitsfähig und können unter Umständen ihre berufliche Tätigkeit unverändert ausüben. Ungünstig sind jedoch, wie auch an anderer Stelle erwähnt, Überstunden, Nacht- und Wechselschichten, hektische oder lärmreiche Arbeitsatmosphäre, schwere körperliche Arbeiten, psychische Dauerbelastungen.

Ein unbehandelter Bluthochdruck führt immer zu einer Erwerbsminderung, deren Ausmaß in den vorherigen Absätzen erläutert wurde. Ein behandelter Hypertoniker kann im günstigsten Falle wie ein Blutdruck-Gesunder (Normotoniker) betrachtet werden, d.h., es braucht zu keiner Minderung der Erwerbsfähigkeit zu kommen.

Oftmals wird auf einen erhöhten Blutdruck erst reagiert, nachdem bereits organische Schäden eingetreten sind; durch Änderung der Lebensweise und eine eventuelle zusätzliche medikamentöse Behandlung lassen sich zwar die Blutdruckwerte bessern, aber in der Regel einmal eingetretene Organschäden nicht mehr zurückbilden (auch wenn es andererseits zu keiner Verschlimmerung mehr kommt); hier hängt das Ausmaß der Erwerbsminderung von der Schwere der Organschäden ab.

Bei einer Minderung der Erwerbsfähigkeit um 50% oder mehr kann im allgemeinen der erlernte Beruf nicht mehr adäquat ausgeübt werden. Wenn sich unter Ausschöpfung aller für eine Reduzierung der Blutdruckwerte in Frage kommenden Maßnahmen keine befriedigende Blutdrucksenkung erzielen läßt und dadurch der erlernte Beruf nicht mehr ausgeübt werden kann, sollte dennoch keine vorschnelle Berentung erfolgen. Vorher sollten in jedem Falle in guten Herz-Kreislauf-Kliniken stationäre Heilverfahren bzw. Rehabilitationsmaßnahmen durchgeführt werden. In einer Reihe von Fällen gelingt es hierdurch, eine Senkung des Blutdrucks auf Werte zu erzielen, die eine weitere Tätigkeit im erlernten Beruf erlauben; auch Umschulungsmaßnahmen sollten rechtzeitig erwogen werden.

71 Was ich als Hochdruckpatient über das Schwerbehindertengesetz wissen sollte

Das Schwerbehindertengesetz ist eine Hilfe des Staates für Patienten, die an den verschiedensten schweren Erkrankungen leiden. Das Ziel des

Schwerbehindertengesetzes ist es, dem Patienten seine Arbeit nach Möglichkeit zu erhalten. Jeder Patient, dessen Bluthochdruck einen schweren Verlauf aufweist oder bei dem sich schwere gesundheitliche Komplikationen, wie z.B. ein Herzinfarkt, eingestellt haben, sollte die Anerkennung als Schwerbehinderter beantragen. Über den Grad der Erwerbsminderung entscheidet der medizinische Befund. Nach einem Herzinfarkt z.B. wird den Betroffenen grundsätzlich für drei Jahre eine 50%ige Schwerbehinderung zuerkannt.

Die wesentlichen Hilfen für Schwerbeschädigte sind:

1. Kündigungsschutz,
2. 6 Tage Zusatzurlaub,
3. Steuervorteile,
4. Fahrgeldermäßigung,
5. vorgezogenes Altersruhegeld schon vom 60. Lebensjahr an.

Eine Anerkennung der Schwerbehinderung (Behinderten-Ausweis) kann bei Ihrem zuständigen Versorgungsamt von Ihnen selbst beantragt werden.

72 Ist die Verkehrstauglichkeit beim Hochdruckkranken eingeschränkt?

Sie wissen, daß Alkohol die Fahrtüchtigkeit einschränkt. Auch einige blutdrucksenkende Medikamente können in höherer Dosierung Ihre Fahrtüchtigkeit einschränken. Es ist daher bei erforderlicher antihypertensiver Therapie ganz wichtig, daß Ihr Arzt mit Ihnen über die Verkehrstauglichkeit spricht. Sind Sie z.B. aus beruflichen Gründen darauf angewiesen, regelmäßig ein Kraftfahrzeug allein oder sogar im Rahmen der Personenbeförderung zu fahren, sollten zunächst blutdrucksenkende Medikamente verwendet werden, von denen keine Beeinträchtigung der Verkehrstauglichkeit bekannt ist. Sie müssen weiterhin wissen, daß bei einigen blutdrucksenkenden Medikamenten zunächst keine Einschränkung der Fahrtüchtigkeit besteht, daß aber zusätzlicher Alkoholgenuß, auch in kleinen Mengen, zu einer überdurchschnittlichen Einschränkung der Fahrtüchtigkeit führen kann.

Bei schweren Bluthochdruckformen, die sich auch medikamentös nicht befriedigend einstellen lassen, muß wegen der Gefahr akuter schwerer

Organkomplikationen (z.B. Blutungszwischenfälle, Netzhautschäden, Kreislaufversagen, Herzinfarkt) eine Tätigkeit als Berufsfahrer möglichst vermieden werden. Ein Verbot, als Berufsfahrer tätig zu sein, bedeutet jedoch nicht automatisch den Entzug des Führerscheins.

Auch Ihr behandelnder Arzt ist nicht verpflichtet, die durch Ihre schwere Hypertonie verminderte Verkehrstauglichkeit der Polizei oder dem Straßenverkehrsamt zu melden (ärztliche Schweigepflicht). Ist Ihr Arzt jedoch davon überzeugt, daß Ihre eingeschränkte Verkehrstauglichkeit zu einer erhöhten Gefährdung der Mitmenschen führt, so sollte er Sie darauf hinweisen und von Ihnen auch schriftlich bestätigen lassen, daß er Sie diesbezüglich belehrt hat. So weit allerdings sollte es nicht kommen; Sie sollten so vernünftig sein und bei einem schweren Bluthochdruck mit dadurch bedingter Einschränkung Ihrer Fahrtüchtigkeit freiwillig auf das Autofahren verzichten, um sich und andere nicht zu gefährden.

Jeder Bluthochdruckkranke, bei dem der behandelnde Arzt keine Einwände bezüglich der Fahrtauglichkeit hat, sollte folgende Empfehlungen beherzigen:

- Die vom Arzt verordneten Medikamente konsequent und regelmäßig einnehmen.
- Vor Autofahrten generell keinen Alkohol trinken und keine Beruhigungsmittel oder schmerzstillende Medikamente einnehmen!
- Regelmäßig den Blutdruck messen.
- Fahren zu verkehrsreichen Zeiten möglichst meiden.
- Bei längeren Fahrstecken häufige Pausen einlegen; größere Entfernungen eventuell mit der Eisenbahn oder dem Flugzeug statt mit dem Auto zurücklegen.
- Bei während der Fahrt auftretendem Unwohlsein sofort die Autofahrt unterbrechen.

73 Welche Bedeutung kommt der Niere bei Bluthochdruck zu?

Die Niere stellt für die Langzeitregulation des Blutdrucks das wichtigste Organ dar. Über wunderbare Mechanismen und Funktionsabläufe wird hier der Salz- und Wasserhaushalt des Körpers reguliert. Diese komplexen Mechanismen und Funktionsabläufe können gestört werden, wobei wir oft nicht wissen, weshalb und wodurch eine solche Störung in Gang kommt. Nierenfunktionsstörungen haben für die Entstehung der Hypertonie entscheidende Bedeutung. Die auslösenden Faktoren für diese Störung und die dadurch bedingte Hypertonie sind jedoch nicht immer ursächlich in der Niere zu suchen. Es gibt aber auch einige Bluthochdruckformen (sogenannte sekundäre), deren Ursache primär eine Nierenerkrankung ist. Man spricht in diesem Fall auch von einem renalen Bluthochdruck. Es würde hier den Rahmen sprengen, auf alle denkbaren Nierenerkrankungen einzugehen, die einen Bluthochdruck zur Folge haben können; allgemein kann aber festgehalten werden, daß praktisch jede Nierenerkrankung einen Bluthochdruck, d.h. eine renale Hypertonie, nach sich ziehen kann. Bei Verdacht auf eine renale Hypertonie sollte eine umfangreiche und differenzierte diagnostische Abklärung der Nieren durchgeführt werden, um die Schwere der Erkrankung und die sich daraus ergebenden therapeutischen Maßnahmen zu bestimmen.

Oftmals ist bei einer Nierenerkrankung auch die Nierenfunktion mehr oder weniger deutlich eingeschränkt. Dies hat insbesondere für eine eventuelle medikamentöse Therapie Konsequenzen. Einige Medikamente sind bei eingeschränkter Nierenfunktion nicht mehr wirksam, andere zeigen vermehrte Nebenwirkungen, wiederum andere werden nicht ausgeschieden und können im Blut ihren Wirkstoff anreichern und zu lebensbedrohlichen Störungen führen. Oftmals ist bei einer Nierenfunktionseinschränkung eine Änderung der blutdrucksenkenden Medikation erforderlich.

Der enge Kontakt mit Ihrem behandelnden Arzt ist hier besonders wichtig; eine Änderung der medikamentösen Therapie (vor allem auch in der Dosierung) darf nur von diesem vorgenommen werden.

Die Einschränkung des Kochsalzkonsums hat bei eingeschränkter Nierenfunktion einen entscheidenden Stellenwert. Sie ist hier die wichtigste diätetische Maßnahme; die tägliche Kochsalzmenge muß in Abhängigkeit von der Nierenfunktionsstörung 5 g und weniger betragen.

Neben der Kochsalzeinschränkung ist bei Nierenerkrankungen mit eingeschränkter Nierenfunktion auch auf die Eiweißmenge in der Nahrung zu achten; in der Regel sollte die Eiweißaufnahme reduziert werden.

Bluthochdruckerkrankungen – gleichgültig, ob es sich um eine primäre oder sekundäre Form handelt – führen bei nicht ausreichender Blutdrucksenkung immer auch zu einer Nierenschädigung bzw. zu einer Zunahme der bereits bestehenden Nierenschädigung. Im ungünstigsten Falle kann die Nierenschädigung so weit fortschreiten, daß die Niere ihre Funktion, u.a. auch die Ausscheidung von für den Körper giftigen Stoffen, nicht mehr wahrnehmen kann; es kommt zu einer Anhäufung dieser Stoffe im Körper, so daß sich der Körper gleichsam selbst von innen her vergiftet. Dann kann dem Patienten nur durch die »Dialyse« oder durch eine Nierentransplantation geholfen werden. Bei der Dialyse wird mit einer sogenannten »künstlichen Niere« (meist dreimal in der Woche) eine Blutwäsche vorgenommen, d.h., der Körper wird von den sich in 2–3 Tagen ansammelnden giftigen Stoffen gereinigt.

74 Müssen bei Dialysepflicht und gleichzeitigem Bluthochdruck besondere Maßnahmen ergriffen werden?

Die meisten dialysepflichtigen Patienten entwickeln aufgrund ihrer schweren Nierenerkrankung über kurz oder lang einen Bluthochdruck, bzw. es kommt zu einer Verschlechterung des bestehenden Bluthochdrucks, sofern dies nicht durch eine konsequente medikamentöse Therapie verhindert wird.

Das Dialysegerät wird völlig zu Recht auch als »künstliche Niere« bezeichnet; auf diese Weise wird meist dreimal in der Woche für eine Dauer von mehreren Stunden eine Blutreinigung durchgeführt. Die Aufrechterhaltung ausreichend hoher Wirkstoffspiegel der blutdrucksenkenden Medikamente ist bei Dialysepatienten oftmals problematisch, da manche Arzneistoffe während der Dialyse weitestgehend aus dem Blut entfernt werden können. Nach Beendigung der Dialyse muß wieder ein neuer Medikamentenspiegel im Blut aufgebaut werden. Diese z.T. erheblichen Schwankungen der Wirkstoffspiegel im Blut können mit großen Schwankungen des Blutdrucks einhergehen. Auch die Konzentrationen der für die Blutdruckregulation wichtigen Elektrolyte im Blut erfahren durch eine Dialyse meist große Schwankungen. Weiterhin kommt es während der Dialyse zu einem stärkeren Flüssigkeitsentzug, der sich ebenfalls auf die Höhe des Blutdrucks auswirken kann.

Die Bluthochdruckbehandlung bei einem dialysepflichtigen Patienten bedarf aus den eben genannten Gründen besonders viel Fingerspitzengefühl und sollte daher immer dem Spezialisten vorbehalten bleiben. Dieser muß sich auch intensiv mit der besonderen psychischen Situation der

Dialysepatienten befassen, wobei wichtigste Voraussetzungen für den Therapeuten Geduld und Zeit sind.

75 Was versteht man unter »Schwangerschaftshochdruck«?

Bei etwa 15% der schwangeren Frauen tritt während der Schwangerschaft ein Bluthochdruck kürzerer oder längerer Dauer auf, obwohl sie vorher keine erhöhten Blutdruckwerte hatten. Dieser Schwangerschaftshochdruck kann als alleiniges Krankheitssymptom auftreten, häufig findet er sich aber auch in Kombination mit vermehrter Wassereinlagerung (besonders in den Beinen) und Auftreten von Eiweiß im Urin, gelegentlich kommen noch (eklamptische) Krampfanfälle hinzu. Der genaue Entstehungsmechanismus des Schwangerschaftshochdrucks ist noch nicht vollständig geklärt.

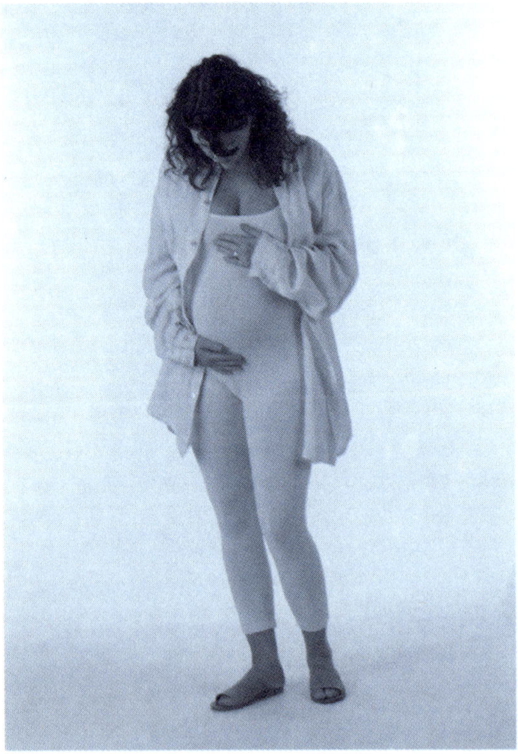

Bluthochdruck kann während der Schwangerschaft neu auftreten oder sich während dieser Zeit verschlechtern.

Vom »Schwangerschaftshochdruck« spricht man auch, wenn schwangere Frauen bereits außerhalb ihrer Schwangerschaft (d.h. also schwangerschaftsunabhängig) ein chronisches Hochdruckleiden aufweisen (meist in Form einer essentiellen Hypertonie) und dieses durch die Schwangerschaft eine Verschlechterung erfährt. Bei den meisten Schwangeren tritt der »Schwangerschaftshochdruck« erst in der zweiten Schwangerschaftshälfte auf. Es gibt nur vage Hinweise zum individuellen Risiko für die Entwicklung eines Schwangerschaftshochdrucks.

Zu den Risikofaktoren für Schwangerschaftshochdruck gehören familiäre Dispositionen zum Hochdruck, verschiedene Stoffwechselerkrankungen (wie z.B. Neigung zu Diabetes), Mehrlingsschwangerschaften sowie plazentare Durchblutungsstörungen.

In den letzten Jahren konnte mittels des »Lagerungstests« zunehmend die individuelle Neigung zu Schwangerschaftshochdruck abgeschätzt werden. Zwischen der 24. und 32. Schwangerschaftswoche wird in Linksseitenlage der Schwangeren abgewartet, bis der diastolische Blutdruck konstant ist. Danach wird nach einer Minute und nochmals nach fünf Minuten Rückenlage erneut Blutdruck gemessen. Der »Lagerungstest« gilt als positiv und auffällig, wenn der diastolische Blutdruck in diesen fünf Minuten um 20 mmHg oder mehr angestiegen ist.

Wichtig ist jedoch, an dieser Stelle darauf hinzuweisen, daß eine hypertone Frau nicht zwangsläufig während der Schwangerschaft einen weiteren Blutdruckanstieg und somit eine Schwangerschaftshypertonie entwickelt.

Allerdings sollte eine hypertone Frau während der Schwangerschaft besonders sorgfältig von ihrem Gynäkologen überwacht werden, um so rechtzeitig Veränderungen des Blutdrucks wahrzunehmen. Unter solchen Voraussetzungen kann eine Schwangerschaft meistens ohne Komplikationen für Mutter und Kind ausgetragen werden. Es kommt sogar häufig vor, daß sich hypertone Blutdruckwerte während der ersten Schwangerschaftshälfte normalisieren, um erst gegen Ende der Schwangerschaft wieder anzusteigen.

76 Welche Risiken birgt der Schwangerschaftshochdruck für Mutter und Kind?

In der Antwort zur vorherigen Frage wurde bereits darauf hingewiesen, daß sich bei der Mutter durch einen Schwangerschaftshochdruck eine Präeklampsie und Eklampsie (blitzartig auftretende lebensbedrohliche Krämpfe) entwickeln können. Bei Vorliegen einer chronischen schweren Hypertonie kann in seltenen Fällen dieses Leiden in so schwerer Form auftreten, daß Lebensgefahr für die Mutter besteht.

Ein reiner Schwangerschaftshochdruck zieht in der Regel keine lebensgefährlichen Eklampsien nach sich. Nach der Geburt normalisiert sich bei der Mutter der Blutdruck im allgemeinen wieder.

Sehr viel problematischer ist heute bei der Entstehung eines Schwangerschaftshochdrucks das Risiko für das Kind. Wir wissen, daß bei erhöhten Blutdruckwerten der Mutter die Frühgeburtenhäufigkeit und die Kindersterblichkeit zunehmen. Die Ursache für diese erhöhte fetale bzw. kindliche Gefährdung sind Durchblutungsstörungen in der Plazenta, die meist nicht mehr rückgängig zu machen sind (d.h. irreversibel sind); auch bei Behandlung des Schwangerschaftshochdrucks mit blutdrucksenkenden Medikamenten sind einmal eingetretene krankhafte Veränderungen an der Plazenta nicht mehr beeinflußbar.

Wegen dieser schlechten Beeinflußbarkeit einer einmal eingetretenen krankhaften Veränderung der Plazenta (Plazentainsuffizienz) muß meistens eine vorzeitige Entbindung angestrebt werden, um hierdurch das Risiko für Mutter und Kind zu vermindern.

77 Gelten bei der medikamentösen Blutdrucksenkung während der Schwangerschaft besondere Vorsichtsmaßnahmen?

Ist eine medikamtentöse Senkung des Schwangerschaftshochdrucks erforderlich, so muß der Blutdruck besonders behutsam und langsam gesenkt werden, da eine zu rasche Drucksenkung eine Durchblutungsstörung im Sinne einer verminderten Durchblutung der Plazenta zur Folge haben könnte, die ihrerseits zu einer Gefährdung des Kindes im Mutterleib (Fetus) führt. Weiterhin dürfen nicht alle für die Blutdrucksenkung im allgemeinen geeigneten Medikamente bei einer schwangeren

Frau eingesetzt werden, da einige von ihnen Wachstumsschäden bei der Leibesfrucht verursachen können. Hier sollten Sie jedoch Ihrem behandelnden Gynäkologen vertrauen, der gerade die neuen, modernen, für eine Senkung des Schwangerschaftshochdrucks geeigneten Medikamente mit allenfalls geringen Nebenwirkungen für Mutter und Kind kennt und Nutzen und Risiken der Behandlung abwägen kann.

Vor allem kann Ihnen Ihr Gynäkologe die in der Regel unbegründete Sorge vor den Nebenwirkungen der von ihm eingesetzten blutdrucksenkenden Medikamente nehmen; er wird Ihnen erklären, daß bei einem Schwangerschaftshochdruck der Einsatz dieser Medikamente weit weniger gefährlich für Mutter und Kind ist als der unbehandelte Schwangerschaftshochdruck.

78 Wie wirken Ovulationshemmer (Kontrazeptiva, »Pille«) auf den Blutdruck?

Bei den meisten Frauen führt die Einnahme von Ovulationshemmern zu keiner Erhöhung des Blutdrucks. Da jedoch bei einigen wenigen Frauen Blutdruckerhöhungen beobachtet wurden, sollten alle Frauen, die Ovulationshemmer einnehmen, in den ersten Monaten mehrmals ihren Blutdruck messen bzw. messen lassen, um zu erfahren, wie ihr Blutdruck darauf reagiert. Bei den wenigen Frauen, bei denen es unter Ovulationshemmern zu einem Blutdruckanstieg kommt, sollten diese nicht weiter eingenommen werden; vielmehr sollte dann über andere Verhütungsmaßnahme nachgedacht werden.

Liegt bei Ihnen bereits ein Bluthochdruck vor, dann kann es durch die Einnahme von Ovulationshemmern zu einer Verschlimmerung der Hochdruckkrankheit kommen. Sie sollten daher zur Empfängnisverhütung möglichst nicht die »Pille« nehmen, sondern anderen Verhütungsmethoden den Vorzug geben.

79 Wie verhält sich der Blutdruck bei Frauen während der Wechseljahre und danach?

Im Gegensatz zu den Männern haben die Frauen dank ihrer weiblichen Geschlechtshormone, insbesondere der Östrogene, einen Schutzfaktor vor Herz- und Kreislauf-Erkrankungen, einschließlich eines hohen Blutdruckes. Viele jüngere Frauen zerstören sich diesen Schutz durch Einnahme von Antikonzeptiva (Pille) oder durch Zigarettenrauchen. Dieser den Frauen von der Natur mitgegebene Schutz geht jedoch während der Wechseljahre verloren, so daß bei Frauen jenseits des Klimakteriums häufiger als in den Jahrzehnten vor den Wechseljahren Herz-Kreislauf-Erkrankungen, insbesondere auch Bluthochdruck, auftreten. Daher sollten alle Frauen ab dem 50. Lebensjahr vermehrt auf ihren Blutdruck achten.

Viele Frauen führen in den Wechseljahren (Klimakterium) eine Hormonsubstitution (Östrogene und/oder Gestagene in niedriger Dosierung) durch, um vor allem klimakterischen Beschwerden vorzubeugen bzw. diese zu behandeln. Weiterhin vermindert eine solche Hormonsubstitution das Risiko einer Osteoporose (Mineralsalzminderung der Knochen). Zahlreiche neuere Untersuchungen haben ergeben, daß diese Hormonsubstitution nach dem Klimakterium auch den Blutdruck günstig beeinflussen kann und insbesondere die Häufigkeit von Herz-Kreislauf-Erkran-

In den Wechseljahren verlieren Frauen mit den Östrogenen auch ihren »Schutzschild« gegen Herz-Kreislauf-Erkrankungen.

kungen vermindert. Dieser Vorteil scheint hinsichtlich der Lebenserwartung (Lebensdauer) für eine Frau so groß zu sein, daß er ein eventuell geringfügig erhöhtes Risiko für Krebserkrankungen statistisch aufwiegt. Lediglich wenn eine besondere Disposition für Krebsleiden besteht, sollte auf eine Hormonsubstitution nach dem Klimakterium verzichtet werden. Eine solche Hormonsubstitution muß allerdings immer mit dem Frauenarzt besprochen werden.

80 Was versteht man unter einer »Hochdruckkrise«?

Die »Bluthochdruckkrise« bedeutet immer akute Lebensgefahr. Es kommt hierbei zu einem plötzlichen und anfallsweise auftretenden, erheblichen Anstieg des Blutdrucks; der Patient ist in einer solchen Situation vermehrt gefährdet, schwere Komplikationen am Gehirn (z.B. Schlaganfall) und/oder am Herzen (z.B. Herzinfarkt, Herzinsuffizien) zu erleiden. Genaue Blutdruckwerte für eine Hochdruckkrise können nicht genannt werden: Bei dem einen Patienten kann das z.B. durch einen Blutdruckanstieg von 160/90 mmHg auf 220/100 mmHg bereits eintreten, bei einem anderen Patienten ist dies erst bei einem Anstieg von z.B. 170/95 mmHg auf 260/120 mmHg der Fall.

Als Ursachen für »Bluthochdruckkrisen« können die verschiedensten Krankheitsbilder und Faktoren in Betracht kommen: akute und chronische Nierenerkrankungen, Durchblutungsstörungen des Gehirns, seltene hormonproduzierende Tumoren (z.B. »Phäochromozytom«), aber auch der Genuß bestimmter Nahrungsmittel, akute psychische Belastungssituationen und das plötzliche Absetzen blutdrucksenkender Medikamente.

Bei einer »Bluthochdruckkrise« müssen nicht immer typische Symptome und Beschwerden auftreten. Viele Patienten klagen jedoch über Kopfschmerzen, pektanginöse Beschwerden (Engegefühl in der Brust), Sehstörungen oder Luftnot. Wenn sich eine Bluthochdruckkrise auch auf das Gehirn auswirkt, können schwere Kopfschmerzen, Übelkeit und Erbrechen, Verwirrtheitszustände, Sehstörungen, Drehschwindel, manchmal auch Bewußtseinsstörungen bis hin zum Koma und zu Krampfanfällen die Folge sein.

Wenn Sie den Verdacht einer Bluthochdruckkrise bei sich oder bei einer Ihnen nahestehenden Person haben, sollten Sie unbedingt sofort den Arzt verständigen, ggf. auch ein Krankenhaus.

81 Was ist ein »hypertensiver Notfall«?

Tritt bei einer schweren Hochdruckkrise eine lebensgefährliche Komplikation auf, so liegt ein hypertensiver Notfall vor. Solche lebensgefährlichen Komplikationen können z.B. eine Herzinsuffizienz, eine Hirnblutung oder eine akute lokalisierte Erweiterung einer Arterie mit Gefäßwandverletzungen (Aneurysma) sein. Auf der Intensivstation in einem Krankenhaus muß in allen diesen Fällen so schnell wie möglich der Blutdruck gesenkt werden.

82 Was versteht man unter einem »Schlafapnoe-Syndrom«?

Hinter der Schlafapnoe versteckt sich eine erst heute in ihrer Bedeutung bekannte Krankheit, welche bislang vielfach verkannt worden war. Aus größeren Untersuchungen wissen wir, daß 4 % der männlichen und 1–2 % der weiblichen erwachsenen Bevölkerung an einem mehr oder weniger ausgeprägten Schlafapnoe-Syndrom leiden. Bei Bluthochdruckpatienten ist die Häufigkeit der Patienten mit einem Schlafapnoe-Syndrom deutlich höher; auch wenn größere Untersuchungen hierzu nicht vorliegen, so schätzt man die Häufigkeit auf etwa 30–50 %, wobei bei gleichzeitigem Vorliegen weiterer Risikofaktoren (insbesondere Übergewicht) der Prozentsatz von Bluthochdruckpatienten mit Apnoe-Syndrom zunimmt.

Man spricht von Apnoe-Phasen, wenn der Atemfluß mehr als 10 Sekunden stillsteht; das bedeutet, daß sich die für die Atmung zuständigen Muskelgruppen inaktiv oder unkoordiniert verhalten. Der Patient erstickt nicht, weil eine solche Apnoe-Phase (Atemstillstand) selten länger als eine Minute dauert. Sie hört jedoch nicht spontan auf. Der im Blut entstehende Sauerstoffmangel stellt eine ernste Bedrohung für den Organismus dar und bewirkt eine Überlebensreaktion: Es kommt zu einer Alarm- oder Weckreaktion, wobei die Schlundmuskulatur wieder aktiv wird. Zum Ausgleich der Blutgassituation setzen jetzt verstärkte Atemzüge (Hyperventilation) ein, welche meist mit lautem und unregelmäßigem Schnarchen einhergehen. Die Apnoe-Phase ist beendet. Nach einer kurzen Zeitspanne kann es jedoch erneut zu einer Apnoe-Phase kommen, auf die wiederum eine Hyperventilationsphase folgt. So können sich Phasen des Atemstillstandes und der Hyperventilation während einer Nacht immer wieder abwechseln und bis zu 100mal auftreten. Wird eine bestimmte Anzahl von Apnoe-Phasen (mehr als 10 Apnoe-Phasen bzw. Atempausen pro Stunde) überschritten und stellen sich entsprechende Veränderungen der Gehirnfunktion oder des Herz-Kreislauf-Systems ein, spricht man vom Schlaf-Apnoe-Syndrom, d.h. der Patient leidet unter den Folgen der Atemstillstände. 60–70 % der Patienten mit Schlafapnoe-Syndrom leiden gleichzeitig an einer essentiellen Hypertonie.

Das Schlafapnoe-Syndrom führt zu deutlichen Blutdruckanstiegen im kleinen Kreislauf-System und im Laufe der Zeit auch zur Zunahme der arteriellen Blutdruckwerte im großen Herz-Kreislauf-System. Darüber hinaus kann es dann bei vielen Patienten mit Schlafapnoe-Syndrom zu lebensbedrohlichen Herzrhythmusstörungen und Zeichen einer Herzinsuffizienz (besonders Rechtsherzinsuffizienz) kommen. Schlafapnoe wird um so bedrohlicher, je mehr Atemstillstände auftreten und je länger sie anhalten. Langzeitstudien haben gezeigt, daß Patienten mit einem Schlafapnoe-Syndrom eine geringere Lebenserwartung haben als Menschen mit normalem Schlafverhalten.

Die Schlafapnoe-Phasen führen aber auch zu einer massiven Störung des physiologischen Schlafes; insbesondere ist der Schlaf nicht mehr erholsam. Dies erklärt die psychischen Symptome, die beim Apnoe-Patienten tagsüber auftreten können: Unausgeschlafenheit, Reizbarkeit, Tagesmüdigkeit, Konzentrationsstörungen, oft erhöhtes Unfallrisiko im Straßenverkehr und im Beruf, im fortgeschrittenen Stadium eine ekzessive Einschlafneigung am Tage.

Weil Bluthochdruckpatienten zu einem hohen Prozentsatz auch an einem Schlafapnoe-Syndrom leiden, ist heute eine diesbezügliche Untersuchung und Diagnostik sehr wichtig, da mittlerweile gute Behandlungsmöglichkeiten bestehen. Untersuchung und Diagnostik bestehen zunächst aus der Erhebung einer ausführlichen Anamnese (oft mit einem guten Fragebogen möglich) und einer körperlichen Untersuchung. Daran anschließend wird meistens eine allgemeine ambulante Langzeitregistrierung während eines normalen Schlafzeitraumes im häuslichen Schlafzimmer durchgeführt. Für die ambulante Langzeitregistrierung werden tragbare, einfach zu handhabende 4-Kanal-Meßgeräte benutzt (MESAM-Gerät). Diese Geräte registrieren: die Herzfrequenz, die Sauerstoffsättigung im Blut mittels Pulsoxymetrie, die Körperlage, die Atemgeräusche, abgeleitet außen am Kehlkopf, insbesondere die Schnarchgeräusche.

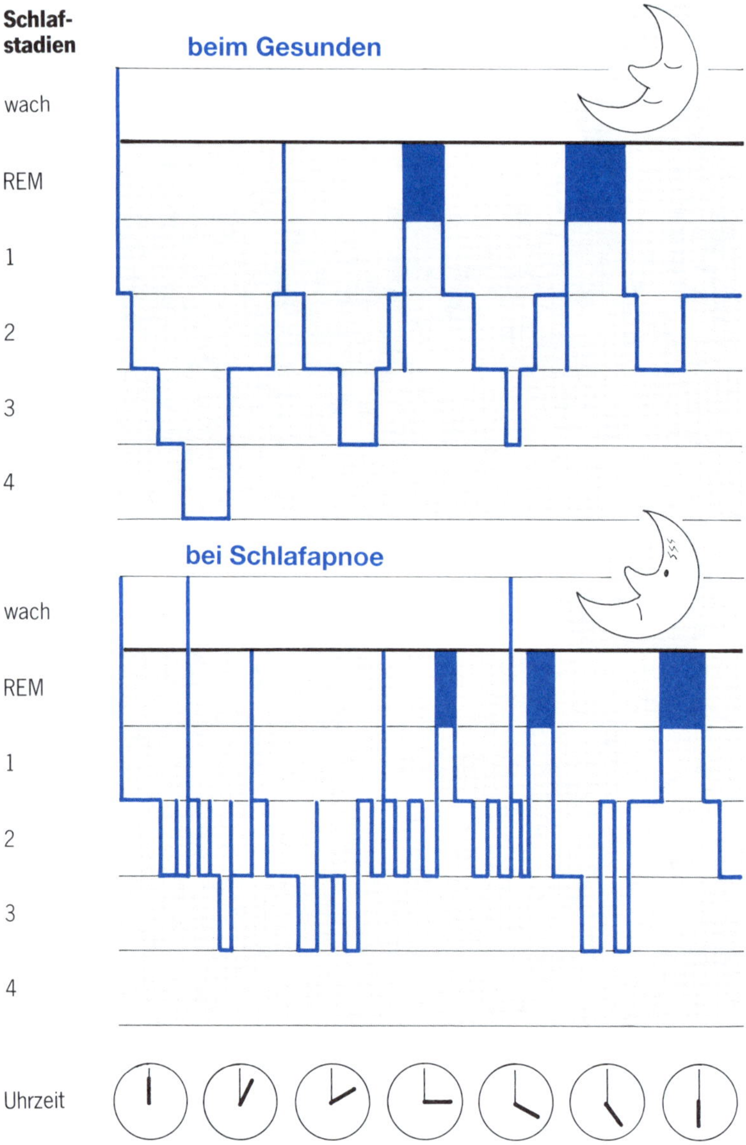

Bei Menschen mit Schlafapnoe wird der Tiefschlaf häufig gestört.

Bei leichtem Schlafapnoe-Syndrom ist keine weiterführende Diagnostik erforderlich. Diese Patienten können ambulant behandelt werden. Fällt der MESAM-Befund deutlich pathologisch aus, ist eine stationäre Langzeitregistrierung in einem »Schlaflabor« erforderlich. Solche Schlaflabors finden sich in einer Reihe von Krankenhaus-Fachabteilungen für Lungenerkrankungen. Mittels einer 10kanaligen Registrieranlage können dann alle relevanten Parameter während der Nacht aufgezeichnet werden. Der Patient braucht sich dabei allerdings nur während der Nacht im Schlaflabor bzw. in dem entsprechenden Krankenhaus aufzuhalten.

Wie bei jeder Krankheit, so gibt es auch beim Schlafapnoe-Syndrom unterschiedliche Schweregrade bzw. Stufen der Erkrankung. Man kann heute die Schlafapnoe auf jeder Stufe der Erkrankung wirksam behandeln. Die eben beschriebene Diagnostik ermöglicht eine genaue Erfassung des Schweregrades; in Abhängigkeit vom Schweregrad wird im allgemeinen das nachfolgend aufgeführte Therapieschema empfohlen.

Behandlung des Schlafapnoe-Syndroms

- Bei einem leichten Schlafapnoe-Syndrom (1. Grad) stehen **verhaltensmedizinische Maßnahmen** im Vordergrund:
  - Beratung über Maßnahmen zur Verbesserung des Nachtschlafes,
  - Meiden von Alkohol und Schlafmitteln,
  - bei Übergewicht die Reduktion bis zum Erreichen des Normalgewichtes,
  - Behandlung von Erkrankungen (besonders Bluthochdruck).
- Bei leichtem bis mittlerem Schlafapnoe-Syndrom (Stufe II) hat sich die **medikamentöse Therapie** mit Theophyllin bewährt, wobei dieses Medikament zum einen sowohl günstig auf die Atemwege als auch auf die zentrale Atemregulation wirkt.
- Wenn sich durch die eben genannten Therapiemaßnahmen kein ausreichender Erfolg einstellt bzw. ein schweres Schlafapnoe-Syndrom besteht, dann ist die Therapie der Wahl die **»nasale kontinuierliche Überdruckbeatmung (nCPAP)«**.

  Bei der nasalen Überdruckbeatmung trägt der Patient während des Schlafes eine Atemmaske. Über ein Gebläse und ein Schlauchsystem wird Raumluft in die Atemmaske gepumpt; durch den leichten Überdruck werden die Atemwege offengehalten. Nach einer kurzen Eingewöhnungszeit an die nasale Überdruckbeatmung haben die Patienten meist keine besonderen Schwierigkeiten, mit einer Atemmaske und nasaler Überdruckbeatmung zu schlafen; ganz im Gegenteil, sie fühlen sich oft nach wenigen Tagen wie »neu geboren«, »phantastisch« und – haben nach ihren eigenen Worten – »seit Monaten wieder ausgeschlafen«.

Eine solche nasale Überdruckbeatmung muß im allgemeinen lebenslänglich oder zumindest jahrelang erfolgen. Es gibt heute hierfür handliche Koffergeräte, so daß die Patienten auch auf Reisen ohne größere Schwierigkeiten diese Therapieform beibehalten können.

Sachverzeichnis